단순한
공부법

똑같이 공부해도 10배 성적이 오르는

단순한 공부법

전병규(콩나물쌤) 지음

단순하게
공부한다 → 공부머리가
좋아진다 → 성적이
10배 오른다

카시오페아
Cassiopeia

어떤 아이는 공부를 쉽게 하는데 우리 아이는 왜 힘들어할까?

선생님 안녕하세요! ○○초등학교 6학년 5반이었던 성희예요!

벌써 졸업한 지 9년이 지났지만, 아직도 선생님의 하브루타 수업을 잊지 않고 있습니다. 수업 자료도 그대로 보관하고 있어요.

제가 보통의 한국식 교육을 받지 않고 계속 선생님께 수업을 받았다면 얼마나 성장할 수 있었을지 정말 궁금해요.

항상 응원합니다!

선생님 화이팅!

제가 운영하는 유튜브 채널 '콩나물쌤(CongSSem)'의 한 영상에 달린 제자의 댓글입니다. 2023년 8월 31일, 저는 20년간 근무한 초등학교에 안녕을 고했습니다. 조금 이르지만 명예퇴직을 한 겁니다. 그리고 유튜브 영상으로 구독자분들께도 퇴직 사실을 알렸습니다. 그 영상에 바로 이 댓글이 달렸습니다.

여러분이 집중해야 하는 부분은 여기입니다.

"제가 보통의 한국식 교육을 받지 않고 계속 선생님께 수업을 받았다면 얼마나 성장할 수 있었을지 정말 궁금해요."

성희는 저와 함께 공부하는 동안 어떤 경험을 했을까요? 그 공부는 보통의 한국식 공부와 무엇이 달랐을까요?

저는 교사로 일하며 한국식 교육에 많은 문제가 있다는 것을 느꼈습니다. 그중 하나가 한국의 초등 교육은 불필요하게 복잡하다는 사실이었습니다. 너무나 많은 것을 하고, 너무나 많은 것에 신경 쓰고 있었습니다. 물론 부족함 없이 키우려는 좋은 의도에서 비롯된 일이지만, 그 때문에 오히려 중요한 것을 놓치는 경우가 많습니다.

예를 들어보겠습니다. 초등학교에서는 다양한 활동을 합니다.

공부에 관심이 없는 아이들도 수업에 참여하도록 유도하기 위해 서죠. 수업, 발표뿐만 아니라 놀이, 체험학습도 합니다. 물론 이런 활동이 무조건 불필요하거나 나쁜 것은 아닙니다. 다만 아이들이 좋아하는 활동을 이것저것 하느라 무엇 하나 깊이 있게 배우는 것이 없다는 게 문제입니다. 겉으로는 있어 보이지만 공부의 본질은 놓치고 있죠.

맞춤법, 문해력, 사자성어, 편독, 독서 논술, 노출과 습득, 리더스북, AR 지수, 영단어, 화상 영어 등 요즘 학부모의 교육 관심 폭은 전문가 못지않습니다. 그런데 이들 역시 좋은 건 최대한 시키고 있을 뿐 정작 무엇이 중요한지는 모르고 있었습니다.

가장 중요한 것이 무엇인지 생각해 본 적이 있으신가요? 대부분 본질이나 핵심 같은 개념에는 관심이 없습니다. '서울대에 간 아이는 무엇을 한다더라.', '전교 1등은 무엇을 한다더라.' 이런 이야기에 관심을 쏟을 뿐이죠. 그래서 대한민국 학부모의 교육에는 중심이 없습니다. 무엇을 향해 가는지도 모르고 불안감과 유행만 좇으니까요. 때문에 아이들의 학습량만 늘고 제대로 된 변화는 이루어지지 않습니다.

본질을 이해하면 공부는 오히려 단순해집니다. 우선 남의 말에

단순한 공부법

휘둘리지 않게 됩니다. 불안이 사라지고, 공부 방식은 단순해지며, 목표를 향한 뚝심이 생깁니다. 바로 그때 아이의 공부 중심이 잡힙니다.

그렇다면 과연 공부의 본질은 무엇일까요? **공부의 본질은 더 똑똑한 사람을 만드는 겁니다.** 똑똑하고 현명하게 생각해서 잘 살도록 하는 거죠. 우리 사회가 공부를 강조하는 이유 역시 이와 맞닿습니다. 우리 사회는 더 똑똑한 인적 자원을 얻기 위해 공부를 강조합니다. 똑똑한 사람이 많아져야 기업이 성장하고 경제적으로 풍요로워지니까요.

그런데 문제가 하나 있습니다. 많은 사람이 '똑똑함=더 많은 지식'이라고 생각한다는 겁니다. 이 믿음은 반은 맞고 반은 틀렸습니다. 똑똑함은 크게 두 가지 측면에서 결정됩니다. 하나는 **지식의 양**이고, 다른 하나는 **지식을 빠르고 정확하게 처리하는 능력**입니다. 많은 것을 알 뿐만 아니라 빠르고 정확하게 생각할 수 있어야 진정 똑똑한 사람인 겁니다. 그래서 우리는 지식은 많지만 생각의 속도가 느리고 부정확한 사람을 '헛똑똑이'라고 부릅니다.

우리는 똑똑함을 지식 보유량으로 판가름하기에 하나라도 더 가르치는 데 에너지를 쏟아붓습니다. 문제는 아이들의 지식 처리 능력이 떨어진다는 것입니다. 아무리 열심히 공부해도 지식이 머리에 들어가질 않습니다. 여기에서 우리나라 학생들의 비극이 시작됩니다. 지식을 처리하는 능력이 따라 주질 않는데 억지로 욱여넣는 겁니다. 소화할 수 없을 정도로 많은 음식을 먹으면 무슨 문제가 생기는지 아시죠? 마찬가지로 아이들의 두뇌에도 소화불량이 생깁니다.

아이를 똑똑하게 키우려면 공부에 순서를 세워야 합니다. 지식을 무작정 집어넣는 공부보다 지식 처리 능력을 키우는 데 집중해야 합니다. 학습 능력을 기른 후 지식을 넣으면 선생님의 설명이 쉽게 이해되고 책이 술술 읽힙니다. 개념을 공부하면 기억에 남고, 문제를 보면 풀이 방법이 저절로 떠오릅니다.

지식 처리 능력 없이 무작정 공부하면 어떨까요? 아무리 설명해도 알아듣기 어렵고 책도 읽히지 않습니다. 개념은 외워도 금세 잊고, 여러 번 풀어본 유형의 문제도 버겁기만 합니다. 공부가 노동 같겠죠.

지식을 잘 처리하고 쉽게 학습하는 능력을 **공부머리**라고 합니다. 초등학생은 특히 공부머리를 기르는 것이 우선입니다. 대부분의 초등학생에게는 공부머리가 없습니다. 그런데 학부모들은 공부머리가 어느 정도 자란 중고등 우등생을 따라 공부를 시킵니다. 죄송

하지만, 우리 아이들은 지금 중고등 우등생이 아닙니다. 대부분의 평범한 초등 아이들은 그렇게 공부해서는 안 됩니다. 지식을 처리할 수 있는 공부머리를 기르는 게 우선이에요.

공부머리를 기르는 방법은 생각보다 단순합니다. **바로 깊게 생각하는 겁니다.** 깊게 생각하다 보면 정보를 어떻게 처리해야 하는지 뇌가 깨닫게 됩니다. 바로 공부머리가 길러지는 거죠. 공부머리가 길러지면 뇌는 공부를 쉽게 느낍니다.

안타깝게도 한국은 아이들의 공부머리를 죽이는 쪽으로 공부를 시키고 있습니다. 지식을 쌓는 게 전부라고 착각해 스스로 생각하지 않고 공부하는 것이 첫 번째 원인입니다. 두 번째 원인은 지식을 쌓는 방식 자체가 잘못된 것입니다. 공부머리 키우기의 중요성을 알고 올바른 방식으로 공부하면 지식 습득을 습득할 수 있을 뿐만 아니라 공부머리를 기를 수 있습니다. 하지만 잘못된 방식으로 공부하면 점점 더 공부하기 힘든 머리가 되어 버립니다. 잘못된 방식으로 지식이 쌓여 이후의 학습을 방해하기 때문입니다. 대부분 잘못된 방법으로 공부하고 있습니다. 그래서 공부가 싫게 느껴지고, 결과도 안 나오는 겁니다.

공부머리는 실체 없는 이야기가 아닙니다. 우리 뇌가 정보를 받아들여 이해하고 장기 기억으로 저장하는 과정은 명확히 존재합니다. 인지심리학, 뇌과학 분야에서 말하고 있는 사실에 저의 20년 초등 교사 경험을 더하여 공부머리의 여덟 가지 요소를 발견했습니다. 공부머리의 여덟 가지 요소는 지식이 뇌에 받아들여지는 과정이기도 합니다.

학습 지향성: 학습하고자 하는 습관, 태도, 사고방식.

집중력: 집중할 수 있는 힘.

작업 기억: 짧은 시간 동안 정신적으로 정보를 유지하고 처리하는 능력.

독해력: 글을 있는 그대로 이해하는 힘.

공부 기술: 공부를 잘하기 위해 필요한 기술.

다면적 사고: 다양한 측면에서 정보를 살펴보는 사고방식.

자동적 사고: 노력 없이 저절로 이루어지는 생각.

지식 구조: 개인의 머릿속에 지식이 정리되어 있는 방식.

읽고 말하고 쓰는 공부법은 공부머리를 자극합니다. 학습을 지향하고, 집중해서 작업 기억을 작동시켜 독해하게 합니다. 공부 기술과 다면적 사고를 계속 사용하면 이것은 곧 자동적 사고가 되고, 이윽고 풍부한 연결성을 지닌 지식 구조가 만들어집니다. 그러면 모든 학습 내용을 쉽고 빠르게 배우며 잘 잊어버리지 않게 됩니다.

공부머리를 기르기 위해 일상에서 실천해야 하는 것이 있습니다. 우선 듣는 공부, 기계적 암기, 도파민, 스트레스를 줄여야 합니다. 이것은 공부머리의 작동을 방해합니다.

만들어야 할 것도 있습니다. 바로 학습 환경, 독서 습관, 공부 습관, 운동 습관입니다. 이것은 공부머리를 자극하는 환경입니다.

마지막으로 실천해야 하는 것이 있습니다. 바로 공부 기술, 다면적 사고, 보드게임, 명상입니다. 이것은 직접적으로 공부머리를 자극하는 방법입니다.

'Simple is best.' 제가 대학생일 때 한 교수님께서 계속 강조하신 말입니다. 그때 저는 이 말을 이해하지 못했습니다. 단순한 건 열등하고 복잡한 것은 우수하다고 생각한 겁니다. 하지만 점차 진리는 단순하다는 사실을 깨닫게 되었습니다.

단순해야만 누구나 할 수 있고, 오래 지속할 수 있습니다. 그래야만 진짜 힘이 됩니다. 공부 잘하는 아이는 단순하게 공부합니다. 여러분의 자녀도 공부를 잘하려면 단순하게 공부해야 합니다.

차례

· 3장 ·

읽기·말하기·쓰기, 공부의 세 축

· 4장 ·

교과별 공부머리 학습법

· 5장 ·

실전! 공부머리를 위한 생활 설계

| 에필로그 |

Intro.

열심히 하는데
왜
성적이 안 오를까?

왜 이렇게
못 알아들을까?

　교사는 스무 명에 가까운 학생들에게 똑같은 설명으로 수업을 합니다. 하지만 그 결과는 같지 않습니다. 어떤 아이들은 그 내용을 잘 이해하고 배우는 반면, 어떤 아이들은 알아듣지 못하고 잘 배우지 못합니다. 똑같이 가르쳤는데 왜 결과가 다를까요? 저는 늘 궁금했습니다.

　모두를 더 잘 가르치기 위해 노력했습니다. 더 나은 수업 방법을 공부하고 더 좋은 활동을 준비했습니다. 덕분에 아이들의 배움은 조금 나아졌습니다. 이전보다 재미있어하고 더 잘 배웠습니다. 하지만 거기까지였습니다. 작은 변화는 일어났지만 학습의 격차는 여전했습니다. 근본적인 변화가 아니었기 때문입니다.

저는 곧 깨달았습니다. 배움의 질은 교사의 교수 능력보다는 학생의 학습 능력에 달려 있다는 사실을요. 그리고 학생의 뇌에서 배움이 일어나는 과정이 궁금해졌습니다. 배움이 일어나는 과정을 이해하면 더 깊이 있는 학습을 이끌어 낼 수 있을 테니까요. 눈과 귀로 정보가 들어가 뇌에 저장되고, 필요할 때 꺼내 쓰는 그 과정을 알아야겠다고 생각하게 됐습니다.

그때부터 인지심리학, 뇌과학, 그리고 교육학을 공부하기 시작했습니다. 매일 이 과정이 어떻게 일어나는지 아이들을 관찰했습니다. 그 결과 배움이 일어나는 과정을 이해하게 되었습니다. 그것이 바로 이 책에서 말하려는 '**공부머리**'입니다.

지식을 배우고 이를 뇌에 저장하기까지는 총 여덟 단계가 필요합니다. 이 중 마지막 두 단계는 **자동적 사고**와 **지식 구조**입니다. 컴퓨터에 비유하자면 자동적 사고는 중앙처리장치(CPU)이고, 지식 구조는 하드디스크(HDD)입니다. 좋은 컴퓨터는 CPU가 빠르고 HDD 용량이 큽니다. 같은 일을 하더라도 더 빠르게 작업하고 더 많은 파일을 저장할 수 있지요. 반면 안 좋은 컴퓨터는 CPU가 느리고 HDD 용량이 적습니다. 같은 일을 하더라도 많은 시간이 걸리며 파일을 많이 저장할 수 없습니다.

똑같은 내용을 똑같은 선생님에게 배우는데 누구는 100점을 받고 누구는 50점을 받는 이유가 여기에 있습니다. 자동적 사고가 빠르고 지식 구조가 촘촘한 아이는 빨리 배우고 쉽게 기억합니다. 그래서 좋은 성적을 받는 겁니다. 반면 자동적 사고가 느리고 지식 구조가 엉성한 아이는 배우는 것도, 기억하는 것도 힘들어합니다.

자동적 사고와 지식 구조는 이전부터 해 온 학습의 결과입니다. 그리고 이것들의 상태를 결정하는 것은 작업 기억에서 일어나는 의식적 사고입니다. 의식적으로 어떠한 사고를 해 왔는지에 따라 서로 다른 자동적 사고와 지식 구조가 만들어집니다. 따라서 공부 머리를 키우려면 집중해서 독해하고, 다면적으로 사고하고, 공부의 기술을 사용할 줄 알아야 합니다. 그렇게 하면 자동적 사고는 정교해지고 지식 구조는 촘촘해집니다. 집중하지 않고 듣는 공부만 하거나 단편적으로 사고하며 외우기만 한다면 자동적 사고는 저하되며 지식 구조는 엉성해집니다.

공부를 잘하려면 공부머리를 키우는 것이 우선입니다. 부족한 공부머리로는 아무리 시간을 들여 열심히 공부해도 힘만 들 뿐 원하는 결과를 얻기 어렵습니다. 그런데 우리는 노력만 이야기하면서 아이들의 학습량만 늘리려고 합니다. 이것이 반복되면 아이들은 '난 아무리 해도 안 돼.'라는 좌절감과 함께 공부에 환멸을 느낍니다.

그래도 초등학교까지는 문제가 드러나지 않습니다. 아직 순진할 나이니까요. 문제는 대부분 중학교에서 터집니다. 학습량은 배로 많아지고 시험 부담감은 커지는데, 사춘기까지 닥칩니다. 그렇게 상당수의 학생이 공부에서 멀어집니다.

물론 그렇지 않은 아이들도 있습니다. 똑똑하게 태어난 아이들, 책에 파묻혀 살다 보니 자기도 모르게 공부머리가 길러진 아이들, 그리고 자기 스스로 공부하는 법을 터득하는 아이들. 이런 아이들이 분명히 있습니다. 하지만 소수에 불과합니다. 대부분의 아이들은 누군가가 가르쳐 주지 않으면 안 됩니다. 뇌를 사용해 공부머리를 기르는 방법을 함께 해 주지 않으면 나쁜 공부머리로 고생만 하다 결국은 공부에서 손을 놓게 될 겁니다.

혹시 부모님 두 분 모두 전국 2퍼센트 내외의 인재이신가요? 아니면 아이의 IQ가 130 이상인가요? 만약 그렇다면 공부머리는 크게 신경 쓰지 않으셔도 괜찮습니다. 이미 타고났으니까요. 하지만 그렇지 않다면 무엇보다 공부머리에 집중해야 합니다. 특히 초등 시기에는 더욱 그렇습니다. 이때 공부머리를 기르지 않으면 더 이상의 기회는 없습니다. 중학교, 고등학교에 가면 시험도 많고 시간도 없기 때문에 공부머리를 기르는 공부는 더 이상 할 수 없습니다.

타고난 내외의 영재가 아니라면 흔히 말하는 영어 유치원, 선행학습, 의대 진학반……, 이런 건 잊어버리세요. 평범한 아이라면 '남들보다 더 빨리', '남들보다 더 많이'를 외치는 교육에서 벗어나야 합니다. 이런 '진도 빼기'에서 벗어나야 해요. 우리는 이제 속도와 진도를 잊고 **넓이와 깊이**를 생각해야 합니다. 그래야만 공부머리가 자랍니다.

공부머리,
원리가 뭘까?

공부머리는 구체적으로 무엇이며 어떻게 작동할까요?

세상의 정보는 각자의 공부머리를 통과하며 개인의 지식으로 바뀝니다.

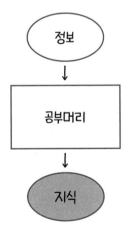

단순한 공부법

학습은 정보에 관심을 가지고 받아들이는 태도에서 시작됩니다. 정보를 처리하기 위해서 필요한 것은 **학습 지향성**과 **집중력**입니다. 학습 지향성이란 학습을 하고자 하는 습관, 태도, 사고방식입니다. 그리고 집중력이란 하고자 하는 작업에 정신을 모으는 힘입니다. 즉, 학습하려는 마음을 갖고 집중할 때 학습이 시작됩니다.

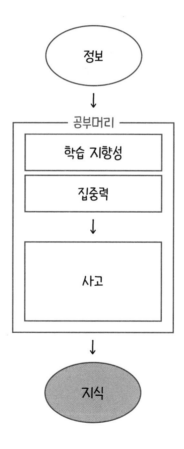

머릿속으로 들어간 정보는 두 가지 차원에서 처리됩니다. 바로 **의식적 사고**와 **자동적 사고**입니다. 의식적 사고란 학습자가 의도적으로 하는 생각입니다. 반대로 자동적 사고란 학습자의 의도와 상관없이 저절로 일어나는 생각입니다. 학습 과정에서는 의도적으로 떠올릴 수도 있지만 저절로 떠오르기도 합니다.

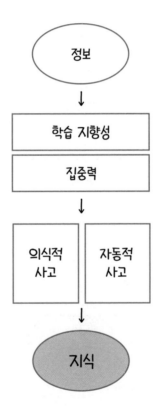

　　　　　　　　　　　　　　　　　　　　　　단순한 공부법

의식적 사고에서는 크게 세 가지 작업이 이루어집니다. 바로 **독해, 공부 기술, 다면적 사고**입니다. 독해는 글을 이해하는 과정입니

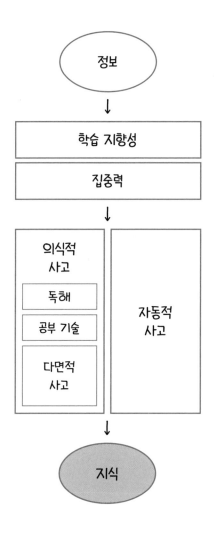

다. 공부 기술은 효과적으로 학습하는 기술입니다. 다면적 사고는 대상의 다양한 면을 고려하는 생각입니다. 제공된 정보를 독해한 후 공부 기술로 정리하고 다양한 방면으로 사고하는 겁니다. 아이들은 이 세 가지 방법을 이용해 자기가 이해할 수 있는 형태로 정보를 처리합니다.

계속해서 이러한 방법으로 공부하면 이 과정은 점차 자동화됩니다. 이제 기본적이고 루틴화할 수 있는 작업은 대부분 자동적 사고가 맡아서 처리하게 됩니다. 덕분에 아이는 이전에는 힘들었던 작업도 적은 노력으로 처리할 수 있게 됩니다. 기본적인 정보 처리 과정이 자동화되니 학습 효율이 높아진 겁니다.

물론 모든 학습을 **자동적 사고**가 책임지는 것은 아닙니다. 여전히 **의식적 사고**가 필요합니다. 하지만 자동화가 많이 진행되면 의식적 사고는 이전보다 훨씬 여유로워집니다. 이제 의식적 사고는 이전에는 관심을 가질 여유조차 없었던 더 작고 더 어려운 부분에 집중할 수 있게 됩니다. 이전에는 풀 수 없었던 어려운 문제도 풀 수 있게 되는 겁니다.

좋은 공부머리의 구조

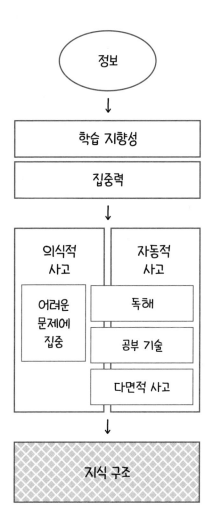

의식적 사고와 자동적 사고에서 처리한 정보는 뇌에 지식으로 저장됩니다. 그런데 어떤 방식으로 학습했는지에 따라 아이마다 서로 다른 **지식 구조**를 가지게 됩니다. 지식 구조란 개인의 마음속에 지식이 정리되어 있는 방식을 뜻합니다. 의식적 사고와 자동적 사고가 잘 훈련되어 독해, 공부 기술, 다면적 사고를 적극 활용한 아이는 연결성이 풍부한 고효율의 지식 구조를 갖게 됩니다. 지식과 지식이 촘촘히 연결되면 여러 가지 장점을 가집니다. 배우고자 하는 것에 대한 배경지식이 쉽게 떠오르므로 학습이 쉬워집니다. 또한 한 번 기억하면 잘 잊지 않으며 쉽게 기억해 냅니다. 다시 말해 문제 해결 능력과 적용력이 향상되는 겁니다.

지식 구조의 연결성이 높은 아이는 많지 않습니다. 대부분은 매우 엉성하게 연결된 지식 구조를 가지고 있습니다. 아이들이 독해, 공부 기술, 다면적 사고 대신 듣기, 암기, 단편적 사고를 사용하기 때문입니다. 듣기, 암기, 단편적 사고는 독해, 공부 기술, 다면적 사고와 달리 의식적 사고와 자동적 사고를 거의 발달시키지 않습니다. 듣기 능력은 독해 능력과 달리 지식 구조를 높은 수준으로 발달시킬 여지가 많지 않습니다. 암기는 자동화가 되지 않으므로 매번 시간을 들여야 합니다. 단편적 사고는 자동화되어 있지만, 오히

약한 공부머리의 구조

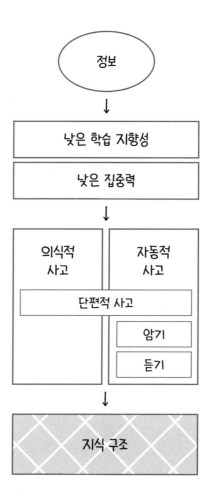

려 학습을 방해합니다.

이렇게 훈련되지 않은 저차원적인 학습을 하면 지식 구조와의 연결성을 만들 수 없습니다. 정보와 정보 사이의 관련성을 알 수 없도록 아무렇게나 저장했기 때문입니다. 그러면 지식을 저장하기도 어렵고, 저장하더라도 나중에 떠올리기 쉽지 않습니다. 이런 방식으로는 아무리 공부해도 어렵기만 합니다.

이제 공부머리가 어떤 식으로 작동하는지 대략 이해하셨나요? 그렇다면 실제로 공부할 때 좋은 공부머리와 약한 공부머리가 각각 어떻게 작동하는지 알아보도록 하겠습니다.

공부머리 약한 아이
VS
공부머리 좋은 아이

아이들이 공부할 때 공부머리의 8단계가 어떻게 작동하는지 실제 예시로 살펴보겠습니다.

다음과 같은 문제를 풀 때 공부머리는 어떻게 작동할까요?

주말 동안 귤 한 상자를 먹었습니다. 철수가 1/3을, 영희가 2/5를 먹었습니다. 남은 귤의 양은 얼마일까요?

① 학습 지향성

학습 지향성이 부족한 아이는 문제를 풀어야 한다는 사실에 스트레스를 받습니다. 문제를 읽어 보기도 전에 하기 싫다는 마음부터 가득 찹니다. 귤을 누가 얼마나 먹었는지에는 관심이 없습니다. 통분이라는 개념도 떠오르지도 않고 무작정 숫자만 더하려 합니다. 계산 중에 실수라도 하게 되면 '에잇 모르겠다. 그냥 외워야지.' 하며 문제를 덮어 버립니다. 이런 태도는 사고를 단편적으로 만들고 학습의 효과를 크게 떨어뜨립니다.

반면 학습 지향성이 높은 아이는 문제에 호기심을 느낍니다. '어떤 문제일까?', '어떻게 풀년 될까?', '전에 배운 것을 활용할 수 있을까?'라는 기대를 가지고 문제를 대합니다. 또한 문제 풀이를 배움의 기회로 느낍니다. 문제를 푸는 과정에서 성취감을 느끼고, 해결 후에는 자신감도 생깁니다.

이처럼 학습 지향성은 단순한 태도의 차이를 넘어 아이가 공부를 대하는 방식 자체입니다. 공부의 질은 문제를 어떻게 바라보는지, 얼마나 적극적으로 사고하고 탐색하는지에 따라 달라지는 것입니다.

② 집중력

집중력이 낮은 아이는 문제를 대충 읽고 넘깁니다. 때문에 작은 실수가 매우 잦습니다. 문제를 제대로 읽고 파악하지 않아 '먹고 남은 양'을 구하는 문제인데 '먹은 양'을 구하기도 합니다. 또한 두 수의 분모가 다르므로 통분을 해야 하는데, 분수의 곱셈으로 착각해 2/15라는 엉뚱한 답을 내놓기도 합니다.

반면 집중력이 높은 아이는 질문을 끝까지 주의 깊게 읽습니다. 문제의 조건은 무엇인지, 내가 놓친 것은 없는지 다시 한번 살핍니다. 덕분에 문제를 잘못 파악하는 실수도 하지 않고, 계산 실수도 적습니다. 분수의 덧셈을 해야 한다는 사실을 인지하고 정확하게 필요한 계산을 해냅니다.

집중력은 문제 해결의 출발점입니다. 집중해서 읽고 정확히 이해하는 습관이 쌓이면 아이는 스스로 문제를 분석하고 해결하는 힘을 기를 수 있습니다.

③ 작업 기억

작업 기억이 약한 아이는 문제에서 제시하는 여러 가지 정보를 한 번에 머리에 담아 둘 수 없습니다. 문제의 뒷부분 '먹고 남은 귤의 양은 얼마입니까?'를 읽고 나면, 앞부분인 '철수는 1/3을, 영희는 2/5를 먹었습니다.'라는 전제를 잊어버리고 맙니다. 앞부분을 다시 읽으면 이번에는 뒷부분을 잊어버립니다.

암산할 때도 어려움을 겪습니다. 1/3과 2/5를 통분하려면 분모와 분자에 각각 3을 곱해야 합니다. 5×3=15라는 풀이를 한 뒤 이를 잠시 기억해 둔 후, 2×3=6을 풀이해야 합니다. 하지만 작업 기억이 좋지 않은 아이는 2×3=6을 구하는 동안 앞에서 구한 답 15를 잊어버립니다.

반면 작업 기억이 좋은 아이는 문제에서 제시된 정보를 머릿속에 잠시 보관하며 필요한 계산 순서를 스스로 조절합니다. 철수가 1/3, 영희가 2/5를 먹었다는 정보를 머릿속에 기억해 두고, 먹고 남은 양을 묻는다는 마지막 조선도 함께 기억할 수 있습니다. 두 분수의 통분은 물론 두 분수를 더하고 이를 처음의 양인 1에서 빼는 과정까지 모두 암산으로 처리할 수 있습니다.

이처럼 작업 기억은 머릿속 정보를 정리하고 조작하며 스스로 사고하는 능력입니다. 작업 기억이 좋아지면 모든 학습 상황에서 더 깊이 있게 생각하고 정확하게 이해할 수 있습니다.

④ 독해력

독해력이 약한 아이는 문제를 표면적으로만 읽을 뿐 핵심을 파악하지 못합니다. 때문에 맥락을 이해하지 못해 무엇을 해야 하는지 스스로 깨닫지 못합니다. 1/3과 2/5라는 수치만 확인했을 뿐, 무엇을 구해야 하는지 혼동하거나 놓칩니다. 심한 경우 "나는 귤

한 상자쯤 다 먹을 수 있어!"라는 엉뚱한 말을 하며 문제에서 벗어나기도 합니다.

반면 독해력이 좋은 아이는 문제의 핵심 정보와 질문의 의도를 정확히 파악합니다. 1/3과 2/5라는 수치를 '누가 먹었는지'와 연결해서 이해합니다. 또한 '먹고 남은 귤의 양을 구해야 한다.'라는 질문의 초점을 정확히 파악합니다. '주말'이나 '귤'처럼 문제 풀이에 영향을 주지 않는 주변 정보는 자연스럽게 거릅니다.

이처럼 독해력은 단순히 글을 읽는 능력을 넘어 핵심을 가려내고 맥락을 파악하며 문제를 해결하는 사고력의 근간입니다. 독해력이 자라야 아이의 공부머리도 함께 자랍니다. 문제 풀이뿐 아니라 교과서, 설명문, 지문 속 정보들을 스스로 의미 있게 해석하고 이해할 수 있게 되기 때문입니다.

⑤ 공부 기술

공부 기술이 부족한 아이는 문제를 막연하게 읽고 바로 풀려고만 합니다. 문제에서 필요한 정보와 핵심을 정리하거나 표시하지 않고 머릿속으로만 처리하려 하죠. 그래서 실수도 많이 하게 되고 자신이 무엇을 했는지조차 기억하지 못합니다. 예를 들어 '1/3', '2/5', '먹은 양', '남은 양'과 같은 중요한 정보에 표시를 하거나 정보를 정리하지 않기 때문에 계산 과정에서 누가 얼마나 먹었는지 헷갈리고, 덧셈 후 뺄셈을 빠뜨리기도 합니다.

반면 공부 기술이 좋은 아이는 문제를 읽으며 중요한 수치와 단어에 밑줄을 긋거나 동그라미 표시를 합니다. '1/3'과 '2/5'에는 각각 동그라미를 하고, '먹고 남은 귤의 양'에는 밑줄을 긋습니다. 이렇게 필요한 정보를 먼저 정리한 뒤 풀이를 시작합니다. 덕분에 계산에 실수가 없고 과정과 결과가 정확합니다.

이처럼 공부 기술은 공부머리의 실질적인 표현 방식입니다. 정보를 정리하고 시각화하는 단순한 습관은 사고력을 높이고 문제 해결력을 키우는 데 큰 역할을 합니다. 공부 기술이 제대로 자리 잡으면 아이는 체계적인 사고로 공부를 대할 수 있게 됩니다.

⑥ 다면적 사고

다면적 사고가 부족한 아이는 문제를 단편적으로 이해합니다. 문제를 보자마자 '1/3과 2/5를 더하면 되지 않을까?'와 같이 단순한 방식으로만 접근하는 것입니다. '누가 더 많이 먹었지?', '이걸 그림으로 그리면 어떨까?'와 같이 다른 관점으로 생각하려는 시도는 거의 하지 않습니다. 실수했을 때도 왜 틀렸는지 돌아보는 사고 확장이 잘 일어나지 않습니다.

반면 다면적 사고에 익숙한 아이는 문제를 다양한 방향에서 바라보려 합니다. 예를 들어 다음과 같은 질문을 합니다.

"왜 1/3과 2/5를 빼지 않고 더해야 하는 걸까?"
"만약 이 문제를 분수의 뺄셈으로 바꾸려면 문제를 어떻게 바꾸어야 할까?"
"만약 한 상자가 아니라 두 상자였다면 결과는 어떻게 바뀔까?"

이렇게 문제의 조건 변화를 상상해 보거나 그림으로 표현해 답을 구하는 등 새로운 방식으로 풀이를 시도해 봅니다.

이처럼 다면적 사고는 공부머리의 깊이를 만들어 줍니다. 문제를 다양한 시선으로 바라보고 확장해 보는 습관은 사고의 유연성을 키우고, 더 복잡한 문제도 해결할 수 있는 기반이 되어 줍니다. 공부는 단순히 문제를 하나 더 맞히는 것이 아니라, 문제를 어떻게 바라보느냐에서 시작됩니다.

⑦ 자동적 사고

자동적 사고가 약한 아이는 기초적인 개념을 매번 다시 떠올려야 합니다. 예를 들어 1/3과 2/5를 더하려면 어떻게 해야 하는지 늘 고민합니다. 분모가 서로 다른 분수는 통분해야 한다는 개념이 자동화되지 않았기 때문입니다. 이처럼 단순한 원리조차 매번 고민하다 보니 쉽게 지치고 실수도 많이 하게 됩니다.

반면 자동적 사고가 잘 형성된 아이는 문제를 읽으면 풀이 방법이 바로 떠오릅니다. 고민하지 않아도 저절로 개념과 공식이 생각납니다. 문제 풀이에 필요한 대부분의 과정이 저절로 이루어집니다. 자연히 문제의 본질을 더 깊이 고민할 수 있는 인지적 여유가 생기고, 더 어려운 심화 문제를 풀 수 있는 실력을 갖출 수도 있습니다.

이처럼 자동적 사고는 단순한 반복을 넘어서 새로운 문제 상황에서도 빠르게 적응하고 효율적인 해결 방법을 찾는 데 중요한 역할을 합니다.

⑧ 지식 구조

지식 구조가 약한 아이는 수학 개념을 서로 연결하지 못하고 개별적으로 기억합니다. 분수의 사칙연산, 통분과 약분의 개념이 정리되지 않아 각각의 용도와 차이를 잘 구분하지 못합니다. 때문에 지금처럼 여러 개념을 동시에 활용해야 하는 문제에서는 어떤 개념을 어떻게 활용해야 할지 몰라 어려움을 겪습니다.

반면 지식 구조가 탄탄한 아이는 문제를 읽고 '전체-부분'이라는 구조를 즉각 떠올립니다. 유사한 원리의 문제를 많이 접한 후 '남은 양=전체-부분'이라는 개념을 추상화했기 때문입니다. 수많은 문제를 하나의 원리 중심으로, 체계적으로 정리해 둔 덕분에 손쉽게 풀이 방법을 떠올릴 수 있는 겁니다.

이처럼 지식 구조는 단순히 개념을 기억하는 것을 넘어, 그 개념들을 서로 유기적으로 연결하고 응용할 수 있는 능력이라는 점에서 중요합니다. 잘 연결된 지식 구조는 문제 해결의 효율성을 높이고, 어려운 문제도 자신감을 가지고 풀 수 있게 만듭니다.

간단한 문제를 풀 때조차 공부머리의 여덟 가지 요소가 모두 작동합니다. 학년이 올라갈수록 아이들이 풀어야 하는 문제는 점점 더 복잡해집니다. 문장은 길어지고 조건은 많아집니다. 개념을 단순히 적용하는 것만으로는 문제가 풀이되지 않아 사고의 전환이 요구됩니다. 이때부터는 공부머리의 유무가 성적 차이로 극명하게 드러나기 시작합니다.

초등학교 중학년까지는 공부머리가 부족해도 크게 눈에 띄지 않습니다. 많이 공부하거나, 암기를 잘하거나, 눈치가 빠르면 높은 성적을 받을 수 있거든요. 하지만 고학년이 되고 중학교에 진학하면 이런 방식으로는 더 이상 버틸 수 없습니다. 단순 노력, 얕은 기술로 좋은 점수를 받는 요행은 더 이상 일어나지 않습니다.

그래서 초등 시기, 아직 문제가 단순한 이때가 공부머리를 기르기에 가장 좋은 시기입니다. 지금부터 차근차근 사고의 근육을 키워 주세요. 문제가 어려워질수록 그 힘이 얼마나 큰지 직접 느끼게 될 것입니다.

1장.

공부머리는 언제, 어떻게 만들어질까?

결정적인 차이는
내부 자원에서 만들어진다

"선생님, 우리 애는 왜 이렇게 성적이 안 나올까요?"

"아이가 평소에 공부는 어떻게 하고 있나요?"

"학원도 다니고 과외도 다녀요. 그런데 성적은 도무지 오르질 않아요."

학부모 상담 날, 재혁이 어머니가 푸념을 늘어놓았습니다. 공부는 충분히 시키는 것 같은데 도무지 성적이 오르지 않는다면서요. 재혁이는 학원을 두 군데 다니고 과외도 받고 있었습니다. 그런데도 성적이 오르지 않자 재혁이 어머니는 집이 비학군지인 탓에 아이가 좀처럼 공부할 마음을 먹지 않는 것 같다며 이사까지 고민 중이었습니다.

성적에 영향을 미치는 요소는 크게 두 종류로 나누어 볼 수 있습니다. 바로 아이의 **외부 자원**과 **내부 자원**입니다. 외부 자원은 부모와 강사 같은 **인적 자원**과 공부 시간, 교육비 같은 **물적 자원**으로 다시 나눠 볼 수 있습니다.

그래서 우리는 더 좋은 부모가 되려고 하고, 더 좋은 선생님을 붙이려 합니다. 더 많은 시간 동안 공부시키려고 하고, 더 많은 교육비를 들이려고 합니다. 내부 자원은 공부 정서, 공부 태도, 공부 습관, 집중력, 문해력, 사고력 등의 **정신적 자원**입니다. 이에 따라 아이의 성적은 다음과 같은 공식으로 결정됩니다.

$$성적 = 외부\ 자원 \times 내부\ 자원$$

성적은 외부 자원과 내부 자원 모두에 영향을 받습니다. 따라서 두 자원의 투입을 끌어올리면 성적이 오릅니다. 더 좋은 부모가 되고, 더 좋은 선생님을 붙이고, 더 많은 교육비를 투자하고, 더 많은 시간 공부한다면 성적은 오를 겁니다. 마찬가지로 공부 정서, 공부 태도, 공부 습관이 더 좋아진다면 성적이 오를 겁니다. 집중력, 문해력, 사고력도 마찬가지고요.

저는 학부모께 재혁이의 내부 자원을 키우는 데 더 많은 신경을 쓰시라고 말씀드렸습니다. 재혁이의 외부 자원은 이미 최대치이기 때문입니다.

재혁이 부모님은 더 좋은 부모가 되기 위해 자녀교육서도 찾아보고 유명 강사의 강의도 들으러 다녔습니다. 재혁이의 공부 시간 역시 더 늘리기 힘들 정도였습니다. 학교는 학군지가 아닐지 몰라도 학원은 학군지의 유명 학원이었습니다. 과외 선생님도 서울대학교 의과대학 출신이었고요.

반면 재혁이의 내부 자원은 많이 부족했습니다. 재혁이는 수업에 잘 집중하지 못했고, 모르는 문제를 일대일로 설명해 줘도 잘 알아듣지 못했습니다. 전반적으로 학습을 소화할 힘이 부족한 듯 보였습니다. 이런 상황에서는 단순히 공부를 많이 시킨다고 아이의 성적이 변하지 않습니다. 아무리 좋은 음식을 먹는다고 한들 소화시키지 못한다면 무슨 소용이겠습니까? 재혁이는 공부를 소화할 수 있는 내적 자원이 없어 그 많은 외부 자원을 낭비하고 있었습니다.

공부에서 좋은 결과를 얻기 위해서는 내부 자원과 외부 자원 모두를 골고루 신경 써야 합니다. 한쪽만 신경 써서는 효과가 제한적일 수밖에 없습니다. 그런데 대부분의 학부모님은 외부 자원에만 집중하고 있습니다. 더 많이 공부하라고 강조하고, 더 많은 사교육비를 지출하는 식으로요. **지금 대한민국의 부모들이 놓치고 있는 점은 바로 이겁니다.**

산골에서 사교육 한 번 받지 않고 서울대학교에 가는 아이도 있습니다. 이는 아이의 내적 자원이 훌륭하면 공부 시간이라는 외적 자원만으로도 충분하다는 증거입니다. 한편 대치동에서 한 달에 500만 원씩 쓰고 입시에 실패하는 경우도 많습니다. 외부 자원을 더는 늘릴 수 없을 정도로 투입해도 내부 자원이 빈약하다면 이런 결과를 얻는 겁니다.

외부 자원은 내부 자원이 일정 수준 이상으로 보장될 때에만 효과를 볼 수 있습니다. 내부 자원이 0.01이라면 외부 자원을 1,000 투입해도 겨우 10이라는 결과밖에 얻지 못합니다. 내부 자원이 부족한 아이들은 내부 자원이 풍부한 아이들과 경쟁해서 절대로 이길 수 없습니다.

문제는 이뿐만 아닙니다. 외부 자원은 늘리는 데 한계가 있습니다. 시간은 유한합니다. 이미 일정 수준 이상으로 공부하고 있는 아이라면 아무리 시간을 짜내도 공부할 시간을 1~2시간 더 만들기 힘듭니다. 사교육비 역시 유한합니다. 가정 소득과 직결되어 있으니까요.

외부 자원에만 집중하면 차별성을 만들어 낼 수 없습니다. 누구나 똑같이 24시간을 살고, 돈 많은 사람은 차고 넘치니까요. 대한민국 소득 상위 10퍼센트의 순자산이 얼마인지 아시나요? 2023년 가계금융복지조사에 따르면 약 10억 원입니다. 또한 40대 가구 중 1억 원 이상의 소득을 버는 가구는 무려 27.9퍼센트입니다. 다시 설명하자면 순자산이 10억 원 이상이고, 1년에 2억 원은 벌어야 대한민국 소득 상위 10퍼센트에 속할 수 있습니다.

인서울 톱(TOP) 10 대학교의 입학 정원은 얼마일까요? 2024학년도 수능 응시생은 약 44.4만 명이었습니다. '서연고 서성한 중경외시(서울대학교, 연세대학교, 고려대학교, 서강대학교, 성균관대학교, 한양대학교, 중앙대학교, 경희대학교, 한국외국어대학교, 시립대학교)'로 대표되는 인서울 톱 10 대학교의 선발 인원은 37,873명으로, 전체 응시생의 8.5퍼센트입니다.

오직 사교육비만으로 승부를 본다면 소득 상위 10퍼센트도 인서울 톱 10 대학교 입학은 어렵습니다. 일명 'SKY'로 불리는 '서연고'는 어떨까요? 서연고 선발 인원은 12,318명입니다. 이는 전체의 2.77퍼센트이고, 이 중 서울대는 2,506명으로 전체의 0.79퍼센트에 불과합니다. 이를 오직 사교육비만으로 대체하겠다면 어느 정도의 재력이 필요할까요? 상위 0.79퍼센트 가정에 대한 자료는 없는데, 제 생각에는 순자산 200억 원 이상에 연봉 5억 원 정도는 되어야 하지 않을까 싶습니다.

이처럼 외부 자원 투입만으로 좋은 결과를 얻고자 하는 것은 어리석은 생각입니다. 결정적인 차이는 외부 자원에서 만들어지는 것이 아니라 공부 정서, 공부 태도, 공부 습관 등 내부 자원으로 만들어집니다.

단순하게 풀어야
보인다

"지예야, 어제 선생님이랑 공부한 내용 기억나니?"

"……."

"어제 방과 후에 선생님이랑 1시간 동안 공부했잖아."

"몰라요. 기억 안 나요."

지예는 공부에 기초가 없어 학교 수업을 잘 따라오지 못했습니다. 그런 지예를 위해 저는 방과 후에 1시간씩 시간을 내어 개별 수업을 해 주었습니다. 그런데 아무리 열심히 가르쳐도 다음 날이면 제자리걸음이었습니다.

이런 아이들을 여러 해 가르치다 보니 느낀 점이 한 가지 있습니다. 이 아이들은 배우는 방법을 모른다는 것입니다. 다른 아이들이 5분이면 이해할 것을 30분 동안 설명해도 이해하지 못했고, 겨우 이해시켜도 금세 잊어버렸습니다.

쳇바퀴 도는 느낌에서 벗어나고 싶었던 저는 고민하기 시작했습니다. '왜 어떤 아이들은 쉽게 배우고 기억할까?', '왜 어떤 아이들은 그러지 못할까?' 저는 결국 아이들의 내부 자원이 각기 다르다는 결론에 이르렀습니다.

선생님은 아이들 앞에서 하나의 설명을 합니다. 그런데 아이마다 이것을 이해하는 정도가 다릅니다. 100을 이야기했을 때 80을 이해하는 아이가 있고 50을 이해하는 아이가 있고 30, 10을 이해하는 아이가 있습니다. 똑같은 설명을 듣고도 이해하는 정도가 다르다는 것은 선생님의 설명이 문제가 아니라는 뜻입니다. 학습 격차를 만들어 내는 것은 선생님의 설명과 같은 외부 자원이 아니라 학습자 개개인의 내부 자원입니다.

마침내 저는 특별 수업뿐 아니라 모든 수업을 아이들의 내부 자원을 발달시키는 방향으로 바꾸었습니다. 그러자 아이들은 수업을 이해하고 공부에 재미를 느끼기 시작했습니다. 뿐만 아니라 성적이 오르고 다양한 능력도 길러졌습니다.

결정적 성적 차이를 만드는 내부 자원은 무엇일까요? 내부 자원은 학습자의 정신적 자원입니다. 학습할 때 사람은 정신을 이용해 학습 과제에 집중하고 정보를 읽고 이해합니다. 그리고 이를 적절한 형태로 처리해서 기억하고요. 내부 자원은 이런 일을 수행하는 모든 능력을 뜻합니다. 지금부터는 이를 '**공부머리**'라고 하겠습니다. 공부머리는 학습력이라고도 할 수 있습니다. 공부머리가 나쁘면 배워도 지식이 내 것이 되지 않으니 '지식 소화력'이라고도 할 수 있겠네요.

공부머리를 이야기할 때 가장 먼저 떠올리는 것은 지능 지수(IQ)입니다. 지능 지수란 언어 이해력, 추론, 기억력 등 다양한 인지 능력을 점수화한 것으로, 또래와 비교해 상대적인 지능의 정도를 보여 줍니다. 일반적으로 평균은 100점이며 ±15점 범위인 85~115점이 전체 인구의 약 68퍼센트를 차지합니다. 이 범위는 일반적인 지능 수준이며 이보다 높거나 낮은 경우 인지나 특성이 다르게 나타날 수 있습니다.

지능 지수 85점 이하의 경우 '경계선 지능'으로 분류되며, 학습과 일상에서 어려움을 겪는 경우가 많습니다. 또한 지능 지수 70점

이하는 '지적 장애'로 진단되며 일상생활이나 학업, 사회 활동에서 보다 체계적인 지원을 필요로 합니다.

반대로 평균보다 15점 이상 높은 경우는 어떨까요? 미시간대학교 리처드 니스벳(Richard E. Nisbett) 교수에 따르면 지능 지수가 115점 이상이면 전문직에 종사하거나 높은 직위에 오를 가능성이 크다고 합니다. 여기서 15점이 더 높아진 지능 지수 130점 이상은 멘사 가입이 가능하며, 최고 명문대를 졸업 및 최고 엘리트층이 될 수 있다고 합니다. 때문에 지능 지수는 학업적 성공을 예측하는 중요한 수단 중 하나입니다.

물론 예외는 있습니다. 지능 지수가 높다는 것은 어디까지나 가능성이 더 크다는 의미로, 반드시 그렇게 된다는 뜻은 아닙니다. 지능 지수가 높지만 학업적인 성공을 이루지 못하는 경우도 많으며, 반대로 상대적으로 낮은 지능을 극복해 성공한 경우도 많습니다. 실제로 학자들은 지능 지수는 학업적, 직업적 성공의 30퍼센트밖에 설명할 수 없다고 합니다. 지능 지수는 공부에 유리한 정도를 수치로 나타낸 것일 뿐, 공부 그 자체는 아니기 때문입니다.

그래서 우리는 지능 지수로 설명할 수 없는 학습 능력, 공부머리에 관심을 가져야 합니다. 공부머리가 좋은 아이는 더 쉽게 학습합니다. 똑같은 노력을 들여도 공부머리가 좋은 아이가 훨씬 좋은 결과를 얻을 것입니다.

평범한 아이라면 더더욱 공부머리에 신경 써야 합니다. 남들보다 똑똑하게 태어난 아이는 조금만 공부해도 좋은 결과를 얻을 수 있을지 모릅니다. 하지만 평범한 아이는 공부머리부터 기르지 않으면 절대 좋은 결과를 얻을 수 없습니다.

공부머리는 타고나는 걸까? 길러지는 걸까?

'과연 공부머리를 후천적으로 기를 수 있을까?' 이는 아주 오래 전부터 많은 사람이 가졌던 의문입니다. 이런 논쟁을 'Nature or Nurture'라고 합니다. Nature, 즉 자연적, 유전적으로 타고나는 것이냐, 아니면 Nurture, 후천적으로 양육에 의해 길러지느냐 하는 겁니다.

백인 우월주의자들은 자신들의 우수성을 강조하기 위해 유전이 전부라고 설파했습니다. 하지만 그들의 주장을 뒷받침하는 연구는 대부분 과학에 근거한 것이 아니라 조작으로 만들어진 것이었습니다.

그럼에도 불구하고 여전히 유전자가 모든 것을 결정한다, 능력은 타고난다는 생각이 만연합니다. 지능은 양육 환경에 따라 크게 변합니다. 이는 과학적으로 입증된 사실입니다. 환경에 따른 지능 변화에 대한 연구는 입양아를 대상으로 하는 경우가 많습니다. 그중 미셸 뒤밈(Michel Duyme)의 연구(〈How can we boost IQs of "dull children?": A late adoption study〉)는 입양 가정의 사회·경제적 수준에 따른 아이의 지능 차이를 확인했습니다. 그 결과 사회·경제적 수준이 더 높은 가정으로 입양된 아이들의 지능 지수가 그렇지 않은 아이들 보다 평균 12점 더 높았습니다. 또한 학대받은 아이들의 지능이 입양 후 어떻게 변화했는지 확인한 결과, 학대받은 아이들의 입양 시점 평균 지능 지수는 61~85점이었으나 평범한 가정에 입양되고 10년 이 지나자 지능 지수가 평균 16점 상승하는 모습을 보였습니다.

평균치에 따른 연구만 있는 것이 아닙니다. 지능이 변화한 개별적인 사례도 많습니다. 가장 대표적인 것이 알베르트 아인슈타인 (Albert Einstein)의 사례입니다. 아인슈타인은 4~5세가 될 때까지도 거의 말을 하지 못해 부모님과 주변 사람의 걱정을 샀다고 합니다. 학교에서도 좋은 평가를 받지 못했고요.

하지만 아인슈타인의 주변 어른들은 그를 끝까지 믿어 주었습니다. 엔지니어인 아버지는 나침반을 선물하며 눈에 보이지 않는 자기장에 대한 지적 호기심을 자극했습니다. 음악에 관심이 많던 어머니는 아인슈타인에게 바이올린을 가르쳤고, 이는 그의 평생 취미가 되었습니다. 수학에 조예가 깊던 삼촌은 아인슈타인의 수학적 재능을 계발하는 데 큰 영향을 끼쳤습니다. 이처럼 아인슈타인은 늘 책을 읽고 과학을 탐구할 수 있는 환경 속에서 지능을 일깨웠습니다. 덕분에 우리가 아는 인류 최고의 지성이 될 수 있었습니다.

또 다른 예로《매일매일 성장하는 뇌》의 저자 바바라 애로우스미스영(Barbara Arrowsmith Young)이 있습니다. 그녀는 어린 시절 심각한 학습 장애를 겪었지만 이를 극복하고 뇌 훈련 프로그램을 개발하는 교육자이자 뇌 과학자가 되었습니다.

칼 비테(Karl Witte)의 아들 역시 어릴 때 저지능 판정을 받고 발달 장애를 겪었습니다. 하지만 그의 아들은 끝내 6개 국어를 할 수 있게 되었고, 12세 때 박사 학위를 취득하는 수재 중의 수재로 자랐습니다.

이처럼 올바른 방법으로 적절한 지적 자극을 주면 공부머리는 반드시 변합니다. 연구에 따르면 환경에 따라 지능 지수가 평균 17점 변한다고 합니다. 결국 노력 여하에 따라 30점이 변화할 가능성이 있다는 뜻입니다.

그렇다면 이제 이 질문을 할 차례입니다. **공부머리는 도대체 어떻게 키우는 걸까요?** 이에 대한 답을 얻기 위한 여정을 시작하겠습니다.

공부할 때
뇌에서 일어나는 일

우리 뇌를 들여다보면 공부머리가 변하는 원리를 알 수 있습니다. 지금부터 비유를 통해 공부머리의 원리를 아주 간단하게 설명하겠습니다.

우리 몸은 수많은 세포로 구성되어 있습니다. 그중 뇌에는 '뉴런'이라는 신경 세포가 있는데, 그 수가 무려 약 1,000억 개에 달한다고 합니다. 이 뉴런은 한 대의 컴퓨터와 같습니다. 즉, 우리 뇌 안에는 약 1,000억 대의 컴퓨터가 있는 셈이죠. 각각의 컴퓨터는 통신망(네트워크)으로 연결되어 있죠? 뉴런 역시 다른 뉴런과 연결되어 있습니다. 이를 '시냅스 연결'이라고 합니다. 이 시냅스 연결을 통해 우리 뇌는 정보를 처리하게 됩니다.

뉴런 하나당 최대 1만 개의 시냅스 연결을 만들어 낼 수 있습니다. 1,000억 개의 뉴런이 각각 1만 개의 연결을 만들어 낸다면 우리 뇌는 최대 1,000조 개의 연결이 가능한 커다란 통신망인 셈입니다. 그래서 시냅스 연결을 '신경망'이라고 부르기도 하죠. 우리 뇌는 인터넷 통신망처럼 망(net)으로 연결되어 있는 겁니다.

중요한 사실은 사람마다 시냅스 연결이 모두 다르다는 겁니다. 이론적으로 최대 1,000조 개의 연결이 가능하지만, 어떤 사람은 100조 개, 다른 어떤 사람은 10조 개의 연결을 가지고 있습니다. 그렇다면 이 중 누구의 공부머리가 더 우수할까요? 바로 100조 개의 연결을 가진 사람입니다. 시냅스 연결이 지식과 정보를 처리하는 역할을 하니까요.

인터넷 환경을 떠올려 보세요. 인터넷이 발달하기 전에는 컴퓨터로 할 수 있는 일이 별로 없었습니다. 매우 단순한 작업만 할 수 있었고, 파일을 옮기려면 플로피 디스크를 이용해야 했습니다. 통신망이 연결되지 않았기 때문에 외부 정보를 받아들이거나 이용하기도 매우 어려웠죠. 그런데 지금은 전 세계가 인터넷으로 연결되어 있습니다. 궁금한 것을 검색하면 그 정보를 바로 알 수 있습니다. 통신망이 촘촘히 연결된 덕분이죠.

이를 공부머리의 차이에도 적용할 수 있습니다. 공부머리가 발달하지 않은 아이는 인터넷이 발달하기 전의 컴퓨터와 같습니다. 정보가 잘 입력되지도 않고 잘 출력되지도 않아요. 하나를 배우려면 플로피 디스크에 파일을 넣고 뇌로 옮기는 귀찮고 힘든 과정을 거쳐야 합니다. 이 모든 문제가 시냅스 연결이 잘 이루어지지 않았기 때문에 벌어집니다.

반면 공부머리가 발달한 아이는 인터넷이 발달한 요즘의 컴퓨터와 같습니다. 정보를 실시간으로 보내고 받을 수 있습니다. 공부머리가 좋다는 것은 바로 빠른 지식 처리 속도와 그 정확성을 가지고 있다는 뜻입니다. 시냅스 연결이 잘된 아이는 설명을 쉽게 이해하고 기억합니다. 뉴런과 뉴런 사이에서 지식이 빠르고 정확하게 이동하기 때문입니다.

시냅스 연결의 개수뿐 아니라 시냅스 사이의 속도 역시 학습에 영향을 끼칩니다. 시냅스가 정보를 더 빠르게 전달할 수 있다면 학습은 더 쉬워집니다. 시냅스 간 정보 전달 속도는 대개 0.5~2ms입니다. 0.5ms의 전달 속도를 가진 뇌가 2ms의 전달 속도를 가진 뇌보다 더 빨리 파악하고 판단할 수 있는, 똑똑한 뇌입니다.

결론적으로 공부머리는 우리 뇌 속 시냅스 연결의 수 및 속도와 관련 있습니다. 시냅스 연결이 더 많아지면 더 많은 지식을 처리할 수 있어 공부가 쉬워집니다. 또 시냅스 연결 속도가 빨라지면 더 빠르게 학습할 수 있게 되어 공부의 효율이 오릅니다.

공부머리의 결정적 시기는 초등입니다

누구나 성공적인 삶을 꿈꿉니다. 똑같은 목표에도 불구하고 나이에 따라 해야 하는 일은 다릅니다. 10대에는 공부, 20대에는 취직, 30대에는 결혼, 40대에는 자녀교육, 50대에는 노후 자금 마련, 60대부터는 건강 관리가 중요한 과업이 됩니다. 왜일까요? 그건 바로 나이에 따라 처한 상황이 다르기 때문입니다. 10대의 상황과 70대의 상황이 같을 수는 없으니까요.

마찬가지로 '좋은 성적'이라는 같은 목표를 가지고 있다고 해도 나이에 따라 다른 접근법이 필요합니다. 어린이와 초등학생의 공부는 중고등학생의 공부와 달라야 한다는 말입니다. 아이들은 대략 6년 주기로 변화하기 때문입니다. 먼저 0~6세 유아 시기에는 신체 발달, 두뇌 발달과 함께 정서 안정이 핵심 과제입니다. 7~12세 초등 시기에는 공부머리를 키우는 것이 핵심 과제이고, 13~18세 중고등 시기에는 실제로 좋은 성적을 내는 것이 핵심 과제입니다. 이를 정리해 보면 유아 때 몸과 마음을 준비하고, 초등 때 공부머리를 발달시킨 후, 중고등 때 본격적으로 성적을 내는 공부를 하는 겁니다.

인간의 공부머리는 평생 기를 수 있지만, 현실적으로 공부머리 발달을 위해 노력할 수 있는 시기는 초등밖에 없습니다. 왜일까요?

유아기는 삶에 필요한 몸과 마음을 준비하는 시기입니다. 걷고 뛰며 온몸의 근육을 발달시킵니다. 또 두뇌 전 영역이 골고루 발달하고, 감정을 조절하는 방법을 배우며 일상생활을 가능하게 합니다. 삶에 필요한 기능을 배우는 과정이죠. 이렇게 삶에 필요한 기능이 다 갖춰지지 않은 상황에서 공부머리를 기를 수는 없습니다.

중고등 시기는 어떨까요? 한국의 입시 현실을 봤을 때 중고등학교 때 공부머리를 기르는 건 너무 늦습니다. 이때는 이미 갖춘 공부머리로 학업에 매진해야 하는 시기입니다. 수능을 몇 번이라도 다시 보겠다는 각오를 했다면 모르겠지만, 그렇지 않다면 이때 공

단순한 공부법

부머리를 길러서는 경쟁에서 이기기 쉽지 않습니다.

　뇌 발달을 들여다보아도 공부머리 발달의 최적기는 초등이라는 사실을 알 수 있습니다. 이 시기에 시냅스 연결에 큰 변화가 일어나기 때문입니다. 초등학생의 뇌에서는 두 가지 큰 변화가 일어납니다. 바로 '가지치기'와 '수초화'입니다. 이 두 현상이 시냅스 연결의 수와 속도를 결정합니다.

　가지치기는 식물에서 웃자란 가지를 잘라 내는 일을 뜻합니다. 뇌에서도 이와 비슷한 일이 일어납니다. 바로 불필요한 시냅스 연결을 잘라 내는 겁니다. 앞서 말했지만, 시냅스 연결은 두뇌의 우수함을 뜻합니다. 따라서 시냅스 연결을 잘라 낸다는 것은 공부머리가 나빠진다는 의미입니다. 오늘도 초등학생들의 뇌에서는 수많은 시냅스 연결이 사라지고 있습니다. 왜 이런 일이 벌어지는 걸까요?

　만 6세까지 아이의 뇌에서는 시냅스 연결이 폭발적으로 이루어집니다. 이때 우리 뇌는 용도가 정해지지 않은 수많은 시냅스 연결을 무작위로 만들어 냅니다. 하지만 시간이 지나 초등 시기가 되면 이 중 사용하지 않으면서 에너지만 소비하는 시냅스 연결을 없애 버립니다. 뇌과학계에서는 이를 효율성을 위한 작업이라고 보고 있습니다. 필요한 것을 그때그때 만들면 에너지가 많이 드니 성장기 때 대량으로 만들어 둔 후 안 쓰는 것을 찾아 버리는 것이 더 효율적이라는 뜻이죠.

가지치기로부터 얻을 수 있는 깨달음은 무엇일까요? **바로 아이의 뇌에 최대한 많은 연결을 남길 수 있도록 노력해야 한다는 것입니다.** 더 많은 연결을 남길수록 아이의 공부머리는 좋아질 것입니다.

초등 시기 두뇌에서 일어나는 두 번째 변화는 바로 수초화입니다. 수초화는 시냅스 연결에서 신호를 손실 없이 잘 보내기 위한 작업입니다. 전기선을 떠올려 보세요. 전기선은 누전되지 않도록 절연 물질로 감싸져 있습니다. 덕분에 우리는 감전당하지 않을 수 있고, 가전의 에너지 효율도 높아집니다.

수초화는 이와 똑같은 현상입니다. 신경 세포의 전기 신호가 누전되지 않도록 특정 부위를 '미엘린(myelin)'이라는 지방질로 덮는 것입니다. 그러면 신경 신호가 더 빠르고 효율적으로 전달됩니다. 수초화가 제대로 되지 않으면 신경 신호 전달의 효율이 떨어집니다. 그 결과 에너지는 많이 소모되고, 학습과 사고는 부정확하고 느려지죠. 그래서 수초화가 충분히 이루어지지 않은 유아 및 초등 저학년 아이들의 말, 행동, 기억이 부정확한 겁니다.

공부머리에 핵심적인 두 현상, 가지치기와 수초화가 가장 활발하게 일어나는 시기가 바로 초등입니다. 이때를 놓치면 이후에는 훨씬 많은 노력과 에너지를 들여야 합니다. '배움에 때가 있다.'라는 말은 바로 이를 두고 하는 이야기입니다.

초등학생 때 공부머리를 키우면 성적이 10배 오른다

교육과정을 살펴봐도 최적의 시기는 초등입니다. 왜일까요?

공부머리를 기르는 데 있어 가장 중요한 것은 **깊게 생각하는 것**입니다. 문제에 대해 다양한 방면으로 깊게 생각할 때 새로운 시냅스가 연결되고 수초화가 일어나기 때문입니다. 시냅스 연결은 하나의 지식을 다른 지식, 또는 나의 경험과 연결할 때 만들어집니다.

다음은 새로운 시냅스 연결을 촉진할 수 있는 연결적 사고의 예시입니다.

국어: 동화책의 내용과 비슷한 나의 경험을 떠올릴 때.

단순한 공부법

수학: 가구 배치를 위해 길이와 넓이 개념을 활용할 때.

사회: 도시가 지방보다 복잡한 이유를 현실에서 발견할 때.

과학: 골대에 맞고 나온 공을 보며 작용, 반작용을 떠올릴 때.

같은 행동을 반복하면 뇌는 그 일이 중요하다고 판단합니다. 그리고 그 일을 더 잘하기 위해 관련된 시냅스를 연결하고 수초화합니다. 수초화가 이루어지면 시냅스 연결 간 전기 신호가 빨라져서 더 빠르고 정확하게 그 행동을 수행할 수 있기 때문입니다. 우리가 운전에 익숙해지는 이유는 운전을 반복함으로써 그와 관련된 뇌 영역에 시냅스 연결과 수초화가 일어나기 때문이죠.

공부머리 발달을 위해서는 생각이 중요합니다. 특히 깊이 생각하는 고차원적인 사고를 반복하는 것이 중요합니다. 단순히 암기하는 저차원적 사고의 반복은 공부머리를 발달시키지 못합니다.

다음은 공부머리 발달을 위해 반복적으로 해야 할 고차원적 사고의 예시입니다.

원인과 결과

국어: 인물이 그러한 행동을 한 까닭은 무엇일까?

수학: 넓이를 구할 때 가로×세로를 하는 이유는 무엇일까?

사회: 고려가 멸망한 이유는 무엇일까?

과학: 생물이 환경에 적응하지 못하면 어떻게 될까?

비교와 대조

국어: 두 주제에는 어떤 차이점이 있을까?

수학: 입체도형과 평면도형의 공통점은 무엇일까?

사회: 기후에 따라 생활 모습은 어떻게 달라질까?

과학: 직렬과 병렬은 어떠한 공통점과 차이점을 가질까?

이처럼 공부머리는 하나의 지식을 다른 지식과 연결해 다양하고 깊게 생각할 때 길러집니다. 중고등 시기에는 다양하고 깊게 생각하며 공부하기가 힘듭니다. 이런 공부는 오직 초등 때만 할 수 있습니다. 그 이유는 다음과 같습니다.

첫째, 학습 내용이 적고 쉽기 때문입니다. 학습 내용이 많거나 어려우면 다양하고 깊게 사고하는 것이 어렵습니다. 기본적인 이해조차 어려운 상황에서 깊은 사고를 한다는 것은 불가능하기 때문입니다. 크고 무거운 물건을 번쩍 들어 옮기기 힘든 것과 같은 이치입니다. 생각을 깊게 하려면 학습 내용이 쉬워야 합니다. 초등 교과는 비교적 학습 내용의 양이 적고 쉽습니다. 때문에 다양하게 생각하고 깊게 따져 볼 여유가 생깁니다. 학습 내용을 배우기에도 바쁜 중고등과는 다릅니다.

둘째, 시간이 넉넉합니다. 초등학생은 학교에서 보내는 시간이 적습니다. 초등 저학년은 대략 1~2시 정도면 수업을 마칩니다. 반면 중학생은 3시 30분, 고등학생은 4시 30분에 정규 수업을 마치고 하교합니다. 야간 자율 학습을 선택하지 않은 경우에 한해서요. 이처럼 중고등학생은 가용할 수 있는 시간이 적습니다. 학교 수업만 따라가도 하루가 다 지나갑니다. 반면 초등학생은 시간이 훨씬 많죠.

셋째, 평가에 대한 부담이 적습니다. 초등 과정에 공식적인 평가는 수행평가뿐입니다. 중간고사, 기말고사가 없죠. 물론 단원 평가를 보는 경우도 있지만, 이는 생활기록부에 기록되는 공식적인 시험은 아닙니다. 수행평가도 진급이나 진학에 전혀 영향을 주지 않습니다. 즉, 초등학교에서 평가란 결국 현재 수준이 어느 정도인지 확인하는 것 이상의 의미가 없습니다.

반면 중고등학교에는 시험이 많습니다. 수행평가도 과목마다 몇 개씩 있지요. 게다가 이런 평가가 모두 입시에 직접적인 영향을 끼칩니다. 때문에 중고등 때는 '시험을 잘 보기 위한 공부'를 할 수밖에 없습니다. 점수를 따기 위해 부차적인 것까지 외울 수밖에 없는 거죠.

이러한 점수 따기식 공부로는 공부머리를 기를 수 없습니다. 억지로 외우는 공부가 아닌 이해하고 생각하는 공부를 해야만 공부머리를 기를 수 있습니다. 이런 공부를 해 본 적 없는 아이가 중고등학교에 가서 새롭게 시작할 수 있을까요? 아닙니다. 이는 평가에서 자유로운 초등 시기에 해야 합니다.

초등은 크고 넓은 공부를 하는 시기이고, 중고등은 섬세한 공부를 하는 시기입니다. 섬세한 공부를 잘하려면 우선 넓은 공부를 많이 해 두어야 합니다. 그래야만 큰 틀에서 내용을 파악한 후 세부적인 내용에 집중할 시간이 더 많이 주어지기 때문입니다.

초등 때 공부머리를 기르지 못한 아이는 중고등 때 공부를 잘할 수 없습니다. 전체적인 내용 파악에 많은 시간이 들어 세부 내용에 충분한 시간을 쓸 수 없게 됩니다.

우리는 아이들의 공부머리를 죽이고 있다

공부머리는 다양하고 깊게 생각하는 것이 핵심입니다. 그런데 우리나라의 교육은 정확히 그 반대의 길을 걷고 있습니다. 스스로 생각할 시간을 주지 않고 공식과 답만 반복해서 외우게 합니다. 때문에 아이들은 다양한 방면으로 생각하지 않고, 뇌에서는 새로운 시냅스 연결이 잘 일어나지 않아 기존 시냅스 연결마저 끊어집니다. 마찬가지로 수초화도 제대로 일어나지 않습니다.

이러한 이유로 우리 아이들의 공부머리는 다 죽어 버렸습니다. 이렇게 공부머리를 잃은 아이들은 스스로 생각할 줄 모릅니다. 그러니 이해도, 기억도 잘 안 되고 결국 단순 반복을 통해 억지 암기만 하게 되죠.

우리 뇌는 이해를 좋아하고 암기를 싫어합니다. 새로운 사실을 깨달았을 때 '아하!' 하며 기뻐한 적이 있지 않으신가요? 이를 심리학에서는 '아하 모먼트(Aha moment)'라고 합니다. 아하 모먼트는 우리 뇌에 굉장한 보상으로 작용합니다. 그 순간 도파민이 분비되기 때문이죠. 이해하면서 공부하는 아이들은 이러한 아하 모먼트를 통해 공부에서 재미와 희열을 느낄 수 있습니다.

반면 이해 없이 억지로 외우면 우리 뇌는 큰 스트레스를 받습니다. 어떻게 처리해야 할지 알 수 없는 정보가 들어와 뇌가 어찌할 바를 모르는 거죠. 마치 낯선 사람이 갑자기 우리 집 거실에 나타난 상황과도 같습니다. 그래서 기계적 암기를 할 때 사람은 인상을 찌푸리게 됩니다. 활짝 웃으면서 외우는 사람은 없습니다. 뇌가 고통스럽기 때문이죠.

이해 없는 기계적 암기 중심의 공부는 스트레스도 크고 공부 효과도 낮습니다. 그러다 보니 이렇게 공부한 아이들은 공부를 아주 싫어하게 됩니다. 공부머리는 발달하지 않고, 스트레스는 크고, 공부한 내용은 기억 나지 않습니다. 이러니 공부를 좋아할 수가 없죠. 대부분의 아이들이 공부를 싫어하는 이유가 바로 여기에 있습니다. 그럼에도 불구하고 우리는 여전히 이렇게 공부시킵니다. 생각할 시간을 주지 않고 진도 나가기에만 급급합니다. 큰 공부를 해야 할 초등학생에게 중고등학생이 할 작은 공부를 시키는 모습입니다.

1970년대에 공부는 고등학생만의 일이었습니다. 그런데 1980~90년대가 되자 중학생에게 공부시키는 문화가 퍼지기 시작했습니다. 더 나아가 2000년대가 되자 초등학생들에게도 공부를 시키기 시작했습니다. 그리고 지금은 유아까지 공부하고 있습니다. 이 과정에서 문제가 하나 생겼습니다. 어른들이 나이에 따라 다른 공부법을 적용해야 한다는 사실을 모른다는 것입니다. 고등학생이 이렇게 공부하니 초등학생도 이렇게 공부하면 될 거라고 생각할 뿐이죠. 이런 생각은 다음의 삼단 논법에 의한 것입니다.

대전제: 좋은 대학에 진학하는 고등학생들은 A 방식으로 공부한다.

소전제: 초등학생도 고등학생과 마찬가지로 학생이다.

결론: 그러니 초등학생도 A 방식으로 공부하면 좋은 대학에 갈 수 있다.

삼단 논법의 결론이 참이 되려면 대전제와 소전제 모두 참이어야 합니다. 그런데 위 주장의 소전제에는 오류가 있습니다.

물론 초등학생은 고등학생과 마찬가지로 학생이지만 상당한 차이가 있습니다. 처한 상황이 매우 다르죠. 고등학생은 이미 10년 넘게 학교에 다녔고, 많은 공부를 했습니다. 그래서 몸과 마음, 두뇌도 많이 성장했습니다.

반면 초등학생은 공부를 시작한 지 얼마 되지 않아 공부의 중요성도 모르고, 공부 습관도 없습니다. 버티면서 공부할 힘도 없고 공부머리도 발달하지 않았습니다. 학습 경험이 많지 않아 뇌의 정보 처리 능력이 현저히 떨어집니다. 아주 쉽고 단순한 것을 가르쳐도 배우는 게 쉽지 않아요. 초등학교 수업 시간에 교사들이 이야기를 읽어 주고, 그림을 보여 주고, 노래도 부르면서 이해시키는 이유가 여기에 있습니다. 학습력이 부족한 초등학생은 중고등학생들처럼 많은 것을 빠르게 배울 수 없습니다.

게다가 우리가 흔히 말하는 공부법은 우수한 고등학생의 공부법입니다. 우리 아이는 지금 고등학생도 아니고, 우등생도 아닙니다. 물론 똑똑하고 스스로 공부에 열정이 있는 소수의 아이들은 기존의 방식으로도 좋은 결과를 얻을 수 있습니다. 하지만 대부분은 공부에 질리고 맙니다. 이런 결과를 원하시나요?

공부에도
순서가 있다

공부할 때 사용하는 인지 능력에는 크게 세 가지가 있습니다. 바로 **이해력, 사고력, 기억력**입니다. 이 세 가지 인지 능력은 사용하는 순서에 따라 아이의 공부머리에 완전히 다른 영향을 줍니다. 따라서 특성을 이해하고 아이들이 올바른 순서로 공부하도록 도와줄 수 있어야 합니다.

우선 세 가지 인지 능력이 무엇인지 알아보겠습니다.

먼저 기억력이란 정보를 저장하고 떠올리는 능력입니다. 예를 들어 맞춤법과 띄어쓰기, 구구단, 태양계 행성 이름, 역사적 사건을 기억해 두는 것은 모두 기억력을 사용하는 공부입니다.

이해력이란 정보의 맥락을 파악해 내용을 연결하는 능력입니다. 예를 들어 이야기의 흐름, 구구단이 덧셈의 반복이라는 사실, 위도가 기후에 미치는 영향, 물건의 가격이 결정되는 흐름 등을 파악하는 것은 모두 이해력을 사용하는 공부입니다.

마지막으로 사고력은 논리적 분석을 통해 창의적으로 문제를 해결하는 능력입니다. 예를 들어 이야기의 주제 찾기, 처음 보는 유형의 수학 문제 해결하기, 역사적 사실의 인과 관계 분석, 과학 법칙을 이용해 새로운 발명품에 대한 아이디어 내기 등은 모두 사고력을 이용하는 공부입니다.

공부머리를 키우기 위해서는 이해 → 사고 → 기억의 순으로 공부해야 합니다.

기억력에 의존해 공부하면 공부머리를 키우기 어렵습니다. 이해력과 사고력은 두뇌를 폭넓게 사용해 많은 영역에 자극을 주는 반면 기억력은 그렇지 않기 때문입니다.

앞서 말했듯 이해력은 정보의 맥락을 파악해 내용을 연결하는 능력입니다. 이해를 위해서 학습자는 목표가 되는 정보는 물론 주변 정보를 함께 고려해야 합니다.

예를 들어 이야기의 흐름을 파악할 때는 우선 '이야기에는 인물,

사건, 배경이 있다.'라는 배경지식을 활용합니다. 그 후 내가 기억하는 부분 외 이야기의 모든 부분을 고려하죠. 이 과정에서 우리는 뇌를 광범위하게 사용합니다. 사고력도 마찬가지입니다. 논리적으로 정보를 분석하고, 새로운 방법으로 문제를 해결하기 위해 뇌 영역을 훨씬 더 넓게 활용합니다.

반면 기억력을 주로 이용하면 어떻게 될까요? 뇌를 최소한으로만 사용하게 됩니다. 이해가 동반되지 않은 기억, 즉 기계적 암기에는 다른 정보가 필요하지 않기 때문입니다. '닭'의 올바른 맞춤법, '7×8=56', '을사조약은 1905년에 일어난 일이다.', '수금지화목토천해' 등을 외우는 데 다른 정보는 필요하지 않습니다. 반복하면 그만입니다. 그리고 아이들은 주로 기억력만을 이용한 공부를 합니다. 가장 쉽고. 어른들도 이 방법을 추천하니까요.

이해 → 사고 → 기억 순으로 공부하면 다음과 같은 이점을 얻을 수 있습니다.

첫째, 더 잘 배울 수 있습니다. 정보를 이해하지 않고 암기하면 쉽게 잊습니다. 어딘가에 전화를 걸어야 해서 전화번호를 떠올려 본 적이 있을 겁니다. 번호를 반복해서 외울 때는 확실히 암기한 듯합니다. 하지만 일단 전화를 걸고 나면 어떻게 되나요? 번호는 머릿속에서 지워져 버립니다. 아무런 의미 없이 단순 암기했기 때문입니다.

이런 현상은 영어 단어를 학습할 때도 나타납니다. 시험을 위해 영어 단어를 100개씩 외우는 아이들이 있습니다. 그렇게 열심히 외워서 만점을 받아도 조금만 시간이 지나면 대부분 잊어버립니다. 시험 직후에 절반, 다음 날이면 반의 반을 또 잊습니다. 결론적으로 일주일이 지나면 거의 기억하지 못합니다.

이해 → 사고 → 기억 순으로 공부하면 다릅니다. 예를 들어 처음 보는 전화번호라고 할지라도 의미를 부여하면 오래 기억할 수 있습니다. 예를 들어 4107이라는 번호를 외워야 한다면 어떻게 하면 좋을까요? 나의 나이 41세와 우리 아이의 나이 07세로 이해하면 오래 기억할 수 있습니다. 이런 방법을 활용해 어휘는 한자로, 수학 공식은 공식이 발생한 이유로, 역사는 사건의 흐름으로, 비가 오는 원리는 목욕탕에 물방울이 맺히는 원리에 비유하며 이해하면 됩니다. 이렇게 이해력과 사고력을 활용해 공부하면 쉽게 배울 수 있을뿐더러 잘 잊히지 않아 학습 결과가 향상됩니다.

둘째, 학습 동기가 좋아집니다. 기계적 암기를 통한 공부는 매우 지루해 쉽게 흥미가 떨어지기 마련입니다. 외우기를 좋아하는 사람이 있을까요? 20년간 초등학교에서 아이들을 가르쳤지만, 암기를 즐기는 아이는 한 명도 보지 못했습니다. 단 한 명도요. '하기 싫어요.', '힘들어요.'라는 말은 정말 많이 들었죠.

반면 이해력과 사고력을 이용해 공부하면 아이들이 좋아합니다. 정보를 이해하고 숨겨진 정보를 깨닫는 순간 큰 쾌감을 느끼기 때문입니다.

셋째, 장기적인 학습 능력에 영향을 줍니다. 이해력과 사고력을 꾸준히 활용하면 학습 능력이 길러져 공부가 쉬워집니다. 뇌에 새로운 정보를 효과적으로 이해하고 활용하는 방법에 대한 회로가 생기기 때문입니다. 그러면 학년이 올라갈수록 공부가 점점 더 쉬워지겠죠.

하지만 기억력을 주로 이용해 공부하면 학습 능력이 길러지지 않습니다. 새로운 지식을 만날 때마다 어떻게 처리해야 하는지 노하우가 없기 때문에 기계적 암기를 하게 됩니다. 그러다 보니 기억력을 주로 이용하는 아이들은 학년이 올라갈수록 학습량이 늘어나 공부가 점점 더 어렵게 느껴집니다.

2장.

공부 잘하는
아이들은
이렇게 다릅니다

공부를 잘하려면 먼저 공부를 '향해야' 합니다

공부머리는 총 여덟 가지 요소로 이루어져 있습니다. 바로 **학습 지향성, 집중력, 작업 기억, 독해력, 다면적 사고, 자동적 사고, 공부 기술, 지식 구조**입니다. 이번 장에서는 이 여덟 가지 요소를 하나씩 살펴보도록 하겠습니다.

이 여덟 가지 요소는 학습의 시작 지점에서 끝나는 지점까지의 관문입니다. 즉, 학습 지향성이 공부의 시작이고, 집중력, 독해력 등을 거쳐 결국에 지식 구조로 마무리된다는 뜻입니다. 공부머리가 좋은 아이는 학습 지향성도 탄탄하고 지식 구조도 잘 잡혀 있어 지식을 습득할 때마다 걸리는 곳, 즉 어려움이 없습니다. 반면 공부머리가 약한 아이는 여덟 가지 요소 중 최소 한 가지 이상에 문제를 겪기 때문에 지식을 습득하는 데도 제약을 겪습니다.

○ 공부머리의 첫 번째 요소, 학습 지향성

공부머리의 첫 번째 요소는 **학습 지향성**입니다. 학습 지향성은 학습하고자 하는 습관, 태도, 사고방식을 뜻합니다. 당연한 말이지만 공부에 뜻을 가지고 학습 친화적인 생각과 행동을 하는 아이들이 공부를 잘합니다. 반대로 공부가 아닌 다른 곳에 더 많은 관심을 두고 행동하는 아이들은 공부를 잘 못합니다.

철학자 에드문트 후설(Edmund Husserl)은 '의식의 지향성'이라는 말을 했습니다. 이는 인간의 의식은 늘 어떤 대상을 향한다는 의미입니다. 그에 따르면 인간의 의식은 반드시 어떤 대상을 향하며, 대상이 없는 의식이란 있을 수 없다고 합니다. 사람의 의식이 향하는 대상은 다양합니다. 라디오, 창밖의 풍경, 자동차, 월급, 인테리어, 주식 등. 마취나 수면 상태처럼 의식이 사라지는 상황만 아니라면 인간의 의식은 늘 무언가를 향해 있습니다. 의식의 대상은 매 순간 변하지만, 특별히 자주 향하는 대상이 있기 마련입니다. 어떤 사람은 돈, 어떤 사람은 자녀, 어떤 사람은 취미에 많은 관심을 가집니다.

아이들도 마찬가지입니다. 아이들은 성향에 따라 스마트폰, SNS, 게임, 외모, 유튜브, 아이돌 등을 지향합니다. 이 중 학습이 주된 관심의 대상이자 목적인 것을 학습 지향성이라고 합니다. 학습 지향성이 높은 아이는 '공부해야 하는데.', '숙제해야 하는데.', '책 읽어야 하는데.', '영어 단어 외워야 하는데.' 이런 생각을 자주 합니다.

반면 학습 지향성이 낮은 아이는 이런 생각을 거의 하지 않습니다. 수업 중에 계속해서 게임 생각을 하는 아이, 문제집을 풀면서도 수십 번씩 거울을 보는 아이가 과연 공부를 잘할 수 있을까요? 여러분도 그런 경험이 있을 것입니다. 무언가에 '꽂혔을 때' 어떤가요? 세상에 오직 그것밖에 없는 것처럼 다른 일들은 거들떠보지도 않게 됩니다.

아이의 의식이 향하는 대상은 크게 두 가지로 나눌 수 있습니다. 바로 학습과 즐거움입니다.

즐거움이 의식의 주된 대상이 되면 학습 지향성을 갖기 쉽지 않습니다. 쉽게 말해 노는 데 빠지면 공부할 생각을 못 한다는 말입니다. 즐거움의 대상은 아이가 자라면서 점차 바뀔 것입니다. 게임, 유튜브, SNS, TV, 놀이공원 등. 대상은 계속 바뀌지만 즐거움을 향하는 태도 자체는 잘 바뀌지 않습니다. 즐거움을 좇으려는 시냅스 연결이 강화되었기 때문입니다.

때문에 공부머리를 기르려면 무엇보다 학습 지향성을 가져야 합니다. 학습 지향성을 가진 아이들은 상대적으로 많은 시간 공부에 대해 생각합니다. 버스를 기다리다가도 영어 단어를 외우고, 잠깐 시간이 나면 인터넷 강의를 켭니다. 이때 게임을 지향하는 아이들은 게임 생각을 하고 있겠죠.

○ 학습 지향성을 결정짓는 것

학습 지향성은 크게 네 가지에 의해 결정됩니다.

첫째, **지적 호기심**입니다. 새로운 것을 궁금해하고 배움을 즐거워하는 아이들은 지적 호기심이 큽니다. 아이의 지적 호기심을 키워주기 위해서는 다양한 경험을 제공함으로써 새로운 시각으로 세상을 바라보도록 도와주어야 합니다. 게임과 TV에만 빠져 사는 아이는 호기심이 많을 수가 없습니다. 새로운 시각으로 세상을 바라보기 위해서는 다양한 관점에서의 질문이 필요합니다. 이것을 키우는 자세한 방법은 〈'왜?'가 만드는 나비효과〉와 〈지금부터 실천! 공부머리 일상 훈련〉에서 알아보도록 하겠습니다.

둘째, **공부 정서**입니다. 공부 정서란 공부에 대한 기분과 느낌입니다. 이는 상황에 따라 바뀌는 공부 감정과는 다릅니다. 공부 정서는 대부분의 상황에서 일상적으로 가지는 느낌을 말하기 때문입니다. '대부분의 상황'이라는 점이 매우 중요합니다. '공부 정서가 나쁘다.'라는 건 항상 공부가 싫다는 뜻이기 때문입니다.

공부 정서가 나쁜 아이들은 공부라는 말만 들어도 머리가 아프고 짜증이 나기 시작합니다. 이런 아이들은 학습 지향성을 갖기 어렵습니다. 공부 정서는 학습 지향성의 핵심입니다. 지적 호기심이 없어도 공부를 잘하는 아이는 많지만 공부 정서가 나쁜데 공부를 잘하는 아이는 거의 없고, 간혹 있더라도 오래 가지 못합니다.

셋째, **공부 습관**입니다. 특정 행동을 꾸준히 반복하면 우리 뇌에는 새로운 길이 생깁니다. 그리고 이 길은 반복할수록 점점 더 넓어지고 편안해집니다. 즉, 공부 습관은 학습 지향성으로 가는 길을 넓고 편안하게 만들어 줍니다. 이 길이 생기면 아이는 더 자주 공부에 대해 생각하게 되고, 공부 때문에 받는 스트레스도 덜게 됩니다. 공부 습관에 대해서는 〈학습의 3대 조건, 공간, 책, 루틴〉에서 더 자세히 알아보겠습니다.

넷째, **공부 동기**입니다. 공부 동기가 있는 아이들은 학습 지향성이 엄청납니다. 공부 정서가 좋은 아이들이 공부를 '할 만하다.'라고 느낀다면, 공부 동기가 있는 아이들은 공부해야겠다는 의욕이 넘치는 상태입니다. 내가 왜 공부해야 하는지 알고 있고, 공부해야 할 절실한 목적이 있으니까요.

하지만 안타깝게도 초등학생은 공부 동기로 공부하는 시기가 아닙니다. 따라서 공부 동기를 가진 초등학생은 파랑새와도 같습니다. 매우 희귀하죠. 공부 동기를 가지려면 공부해야 하는 이유를 본인이 정확하게 알아야 하고, 이를 위해 공부의 사회적 효용에 대해 절실하게 느껴야 합니다. 이런 일들은 대부분 사춘기 이후에야 가능합니다. 그러니 초등 시기에는 공부 동기를 크게 신경 쓰지 않아도 됩니다.

따라서 초등학생의 학습 지향성을 결정 짓는 핵심 요소는 세 가지, **지적 호기심, 공부 정서, 공부 습관**입니다.

학습 지향성 체크리스트

우리 아이가 어느 정도의 학습 지향성을 갖고 있는지 확인할 수 있는 체크리스트를 준비했습니다. 다음의 질문을 읽고 우리 아이의 수준을 확인해 보세요.

	질문	예	아니오
1	시키지 않아도 숙제나 공부를 알아서 하는 편이다.		
2	모르는 것이 있으면 궁금해하고 스스로 알아보려는 모습을 보인다.		
3	공부나 학습에 관한 이야기를 꺼내도 크게 부담스러워 하거나 스트레스받지 않는다.		
4	노는 것 외에도 공부나 독서에 관심을 가지고 균형 있게 활동하려고 한다.		
5	학교나 학원에서 학습 태도가 좋다는 이야기를 자주 듣는다.		

* '예'의 개수-학습 지향성: 4개 이상- 높음 | 3개-보통 | 2개 이하-낮음

뇌는
멀티태스킹을 싫어합니다

학습 지향성 다음의 문제는 **집중력**입니다. 집중력이란 현재 작업에 정신을 모으는 힘입니다. 이를 위해서는 꼭 해야 하는 것 외에 모든 자극을 무시할 수 있어야 합니다. 공부하다가 아까 TV에서 본 웃긴 장면이 떠올라도 무시해야 합니다. 이러한 집중력이 없으면 지식이 머릿속에 남지 않습니다.

저도 유튜브를 재생해 놓고 인터넷 기사를 본 적이 있습니다. 영상 내용이 조금 지겨워졌는데 뒷부분을 좀 더 들어 보기는 해야 할 것 같아서였습니다. 그런데 기사를 읽다가 깨달았습니다. 영상의 내용을 전혀 듣지 못했다는 걸요. 결국 영상을 앞부분부터 다시 봐야 했습니다.

인간의 뇌는 인지적인 면에서 한순간에 단 한 가지 일만 할 수 있습니다. 뉴스를 들으면서 회의를 할 수 없고, 숙제 중에 퍼즐을 풀 수 없습니다. 물론 설거지를 하면서 뉴스를 듣거나, 달리면서 다른 생각을 하는 건 가능합니다. 설거지와 달리기는 자동화되면 의식적 노력 없이 수행할 수 있기 때문입니다. 이와 달리 정신 자원을 의식적으로 사용해야 하는 인지 작업은 절대로 다른 인지 작업과 병행할 수 없습니다.

아이들은 집중력이 떨어지면 다른 대상에 인지 자원을 사용합니다. 앞자리 친구의 뒤통수에 관심을 가지기도 하고, 옷에 붙은 실밥을 신경 쓰기도 합니다. 이렇게 되면 지식을 습득할 수 없습니다. 때문에 많은 정보를 놓칩니다.

즉, 집중력은 학업 성취도로 직결됩니다. 산만하면 수업 중에 다른 생각을 하거나 그림을 그리거나 친구와 떠들다가 시험에 나올 내용을 짚어 주어도 듣지 못하죠. 이렇게 되면 아무리 많은 시간 공부해도 소용이 없습니다. 책상에 앉아 있는 시간만 길 뿐 실제로 공부한 게 아니기 때문입니다. 성적을 올리려면 정확히 이 반대로 해야 합니다.

집중력은 정신 건강과도 연결 고리가 있습니다. 사람은 중요한 일에 온전히 집중할 때 안정감과 행복감을 느낍니다. 반면 집중력이 떨어지면 불안과 우울을 느낄 가능성이 커집니다.

집중력에는 여러 종류가 있지만 공부머리에 중요한 것은 **지속적 주의**와 **선택적 주의**입니다. 지속적 주의는 말 그대로 주의력을 지속시키는 겁니다. '집중력을 얼마나 길게 끌고 갈 수 있느냐.'가 중요합니다. 어떤 아이는 최대 1분 동안 집중할 수 있고, 어떤 아이는 최대 10분 동안 집중할 수 있습니다. 당연히 10분 동안 집중할 수 있는 아이가 공부를 더 잘하겠죠?

두 번째는 선택적 주의입니다. 이는 내가 선택한 것에만 집중하고 다른 것에는 관심을 끊는 것입니다. 집중하는 동안 아이들은 많은 내외부 자극을 맞닥뜨립니다. 이 자극들을 무시하고 뺏긴 주의력을 빨리 되찾아야 합니다. 만약 갑자기 등이 간지러워서 집중이 흐트러졌다면 얼른 긁고 공부로 돌아와야 합니다. 내외부 자극은 피할 수 없습니다. 중요한 것은 '얼마나 빨리 주의를 전환하느냐.'입니다.

아이가 공부에 집중하지 못한다면 "집중해!"라고 다그치기에 앞서 지금 우리 집은 공부에 집중할 수 있는 환경인지 점검해 보시기 바랍니다. 이를 위해서 공부를 시작하기 전 간단한 루틴을 만드는 것도 좋습니다. 뇌는 반복되는 자극을 통해 일정한 패턴을 익히고 준비합니다. 그래서 공부 전에 정해진 루틴을 반복하면 뇌는 공부를 해야 한다는 사실을 받아들입니다. 예를 들어 특정한 시간에 특정한 장소에서 공부하기, 타이머 맞추기, 눈 감고 잠시 숨 고르기 같은 루틴을 만드는 것입니다. 이런 간단한 루틴을 만들고 매번 실천하면 아이의 몸과 뇌가 자연스럽게 '집중 모드'로 전환됩니다. 아이와 함께 루틴을 정하고 스스로 점검할 수 있도록 도와주세요. 체크리스트를 만들어 잘 지켰을 때는 칭찬으로 인정해 주는 것도 중요합니다.

이외에도 집중력을 높이기 위해 독서, 보드게임, 명상을 활용할 수 있습니다. 이 방법에 대해서는 〈5장. 실전! 공부머리를 위한 생활 설계〉에서 좀 더 자세히 다루겠습니다.

집중력 체크리스트

다음은 우리 아이의 집중력이 어느 정도인지 확인할 수 있는 체크리스트입니다. 질문을 읽고 우리 아이의 수준을 확인해 봅시다.

	질문	예	아니오
1	공부할 때 15분 이상 집중을 유지할 수 있다.		
2	공부 중 다른 생각이 들어도 다시 집중하려고 노력한다.		
3	숙제를 하거나 문제를 풀다가 막혀도 쉽게 포기하지 않고 다시 시도한다.		
4	주변에 소음과 같은 방해 요소가 있어도 비교적 잘 견디는 편이다.		
5	집중력이 흐트러졌을 때 숨을 고르거나 자세를 고치는 등 스스로 조절하는 방법을 안다.		

* '예'의 개수-집중력: 4개 이상-높음 | 3개-보통 | 2개 이하-낮음

스스로 사고할수록
오래 남는다

○ <u>의식적으로</u>
<u>사고하는 힘</u>

공부머리의 세 번째 요소는 **작업 기억**입니다. 작업 기억이란 짧은 시간 동안 정신적으로 정보를 유지, 처리하는 능력을 뜻합니다. 학습자는 학습 내용을 작업 기억에서 처리합니다. 복잡한 수학 문제를 풀 때는 복잡한 수식과 계산 과정을 기록해 두기 위해 풀이노트를 사용하죠? 우리 뇌 속의 풀이노트가 바로 작업 기억입니다. 우리는 작업 기억에 중요한 내용을 담아 두고 필요한 일들을 수행합니다. 작업 기억은 정신적 작업 공간인 셈입니다.

작업 기억은 지식을 의식적으로 생각할 때 사용되며 다음과 같은 일을 합니다.

- 질문을 듣고 적당한 답을 떠올리기.
- 하나의 정보를 듣고 나의 배경지식과 비교하며 이해하기.
- 여러 단계로 이루어진 지시를 기억해 차례대로 따르기.
- 간단한 암산하기.
- 복잡한 수식을 차근차근 풀기.
- 일부분이 빠진 정보를 듣고 그 내용을 추측하기.
- 정보를 장기 기억으로 보내기.

작업 기억이 부족하면 다음과 같은 일이 일어날 수 있습니다.

- 주의가 산만하다.
- 자주 공상에 빠진다.
- 해야 할 일을 쉽게 잊어버린다.
- 두 단계 이상으로 이루어진 작업을 어려워한다.
- 계획 및 조직 능력이 부족하다.

단순한 공부법

- 생각과 행동을 동시에 하는 데 어려움을 겪는다.
- 이미 배운 내용을 다른 상황에 적용하지 못한다.
- 학습에서 평균 이하의 성과를 거둔다.
- 복잡한 추론에 어려움을 겪는다.
- 대화를 따라가지 못한다.
- 자존감이 낮다.

이처럼 작업 기억은 정보를 처리하는 거의 모든 과정과 관련이 있다고 볼 수 있습니다.

이런 작업 기억이 하지 못하는 것에는 크게 세 가지가 있습니다. 첫 번째, 많은 정보를 담아 두는 일입니다. 작업 기억은 7개 정도의 항목을 잠시 보관할 수 있습니다. 이보다 많은 정보가 주어지면 전부, 혹은 일부를 잊어버리게 됩니다.

두 번째, 정보를 오랜 기간 저장하는 일입니다. 작업 기억에 담아 둔 정보는 수 초 안에 사라집니다. 사라지지 않게 하려면 반복해서 학습해야 합니다. 반복해서 학습하는 것을 멈추면 금세 기억에서 사라집니다. 여러분도 전화번호와 같은 간단한 정보를 잊지 않으려 반복해서 외워 본 적이 있을 것입니다. 잠시 동안은 그 정보를 기억할 수 있지만 어딘가에 옮겨 적어 두지 않으면 곧 잊어버리죠. 이는 작업 기억이 정보를 저장하지 못하기 때문에 벌어지는 일입니다.

세 번째, 필요한 정보를 찾아내는 데 어려움을 겪습니다. 작업 기억에서 한 번 사라진 정보는 다시는 떠오르지 않습니다. 만약 다시 떠오른다면 그것은 작업 기억이 아닌 장기 기억에 저장된 정보에서 나온 것입니다. 다시 말해 작업 기억은 정보를 저장하는 능력이 아닙니다. 처리할 뿐이죠. 정보는 장기 기억에 저장되는 것입니다.

작업 기억은 장기 기억에 정보를 잘 저장하기 위해 필요합니다. 장기 기억에의 저장 여부는 우리의 작업 기억이 정보를 얼마나 잘 처리하느냐에 달려 있습니다. 아이들이 공부를 많이 하고도 시험을 잘 못 보는 이유는 배운 내용을 작업 기억에서 정보를 제대로 처리하지 않았기 때문입니다. 공부할 때 작업 기억에서 제대로 처리한 아이들만이 그 내용을 장기 기억의 영역으로 넘겨 기억하고 활용할 수 있습니다.

작업 기억이 정보를 제대로 처리한다는 것은 곧 이해를 뜻합니다. 작업 기억을 이해로 이끄는 방식은 생각보다 단순합니다. 우선 해당 학습 내용과 관련된 정보를 장기 기억에서 불러옵니다. 그리고 두 정보 사이의 **연결성**을 찾습니다. 예를 들어 '기체는 온도가 오를수록 부피가 커진다.'라는 과학 개념을 배울 때 아이는 풍선을 따뜻한 방에 두자 점점 부풀어 올랐던 기억을 떠올릴 수 있습니다. 이처럼 연결성이 파악되면 이해되고, 연결성이 파악되지 않으면 이해하기 어렵습니다. '아는 만큼 보인다.'라는 말이 있죠. 이것이 바로 이해의 특성입니다.

○ 작업 기억을 발달시키는 방법

작업 기억을 발달시키기 위해서는 다음의 활동이 필요합니다.

첫째, 과제를 단순화합니다. 작업 기억은 일반적으로 7칸입니다. 조금 더 많다, 조금 더 적다에 대한 논란은 있지만 그 개수가 매우 제한적이라는 데는 거의 모든 심리학자가 동의합니다. 때문에 과제를 단순화하는 것이 매우 중요합니다. 한 번에 한 과제에만 집중하고, 멀티태스킹을 하지 않아야 합니다. 과제가 복잡하다면 단계를 나누어야 합니다. 복잡한 수학 문제를 한 번에 암산할 수는 없습니다. 마찬가지로 복잡한 과제는 단계별로 나누어 단순화해야 합니다.

둘째, 보조 도구를 사용합니다. 할 일 목록, 체크리스트, 메모, 수학 풀이노트, 포스트잇, 칠판 등을 적극적으로 활용해야 합니다. 이들은 작업 기억이 해야 하는 수많은 일을 덜어 줍니다. 할 일 목록은 다음에 무엇을 해야 하는지 더 이상 생각하지 않게 만들어 줍니다. 수학 풀이노트는 수학 풀이를 단순하게 나누어 계산에 집중할 수 있도록 합니다. 체크리스트는 해야 할 일을 단계별로 나누어 차례대로 일하도록 합니다.

셋째, 스스로 생각합니다. 남에게 자꾸 질문해 답을 얻으면 작업 기억을 사용하지 않게 됩니다. 그러니 어떤 문제든 먼저 스스로 생각해 보는 습관을 길러야 합니다.

넷째, 자동적 사고를 발달시켜야 합니다. 자동적 사고를 발달시키면 작업 기억의 부담이 크게 줄어듭니다. 예를 들어 글을 읽을 때 내용 이해의 상당 부분이 자동화된 아이는 작업 기억의 대부분을 글의 주제를 파악하는 데 사용할 수 있습니다. 이처럼 자동적 사고가 정교하게 발달할수록 작업 기억에서 의식적으로 해야 하는 일이 줄어듭니다. 그러면 작업 기억은 에너지를 더 중요한 부분에 쏟을 수 있게 됩니다. 그에 따라 실수는 줄어들고 더 훌륭한 결과물을 얻을 수 있게 됩니다.

작업 기억 체크리스트

다음은 우리 아이의 작업 기억 수준을 확인할 수 있는 체크리스트입니다. 질문을 읽고 우리 아이의 수준을 확인해 봅시다.

	질문	예	아니오
1	보고 들은 내용을 오래 기억할 수 있다.		
2	배운 내용을 머릿속에서 빠르고 정확하게 정리할 수 있다.		
3	두 가지 이상의 지시를 받아도 잘 기억하고 실행할 수 있다.		
4	무엇을 어떻게 할지 계획을 세우고 실천하는 것이 어렵지 않다.		
5	여러 개의 정보를 한 번에 기억하며 문제를 해결할 수 있다.		

* '예'의 개수-작업 기억: 4개 이상-높음 │ 3개-보통 │ 2개 이하-낮음

이해력이 약한 아이,
사실은 독해력이 약한 것이다

○ 읽기가
곧 배움이다

학습 시 가장 먼저 하게 되는 작업은 독해입니다. 독해란 글쓴이가 어떤 말을 했는지 있는 그대로 파악하는 것입니다. 독자의 생각이나 느낌은 최대한 배제하고 글의 내용을 작가의 의도대로 객관적으로 이해하는 것이 바로 독해입니다.

독해력이 중요한 이유는 아이들이 공부할 모든 내용이 언어로 이루어져 있기 때문입니다. 인간은 언어로 지식을 전달하고, 언어로 지식을 배웁니다. 국어는 물론이고, 수학, 사회, 과학, 영어 모두 언어로 가르치고 배웁니다. 우리는 언어를 듣고 읽음으로써 지식을 배웁니다.

때문에 독해력이 낮으면 제대로 학습할 수 없습니다. 아무리 학습에 대한 의욕이 높고 집중하려는 태도가 잘 갖춰져 있다고 해도 독해력이 낮으면 정보를 파악할 수 없습니다. 핵심을 놓친 채 겉핥기식으로 정보를 받아들이면 실컷 읽고도 '무슨 말인지 모르겠다.'라는 상태가 반복됩니다. 열심히 공부해도 소용이 없고 학습에 대한 흥미와 자신감까지 잃을 수 있습니다.

문제는 아이마다 독해력이 다르다는 겁니다. 어떤 아이는 복잡하고 어려운 글도 척척 읽는 반면, 어떤 아이는 쉽고 단순한 글도 잘 이해하지 못합니다. 이런 독해력의 차이가 학습에서 매우 큰 차이를 불러일으킵니다. 독해력이 좋은 아이는 수업 내용과 교과서 내용을 쉽게 이해합니다. 덕분에 공부가 그리 힘들지 않고 수월합니다. 반면 독해력이 나쁜 아이는 수업도 교과서도 잘 이해하지 못하죠. 이런 아이들은 열심히 공부해도 성적이 잘 안 나옵니다. 성적이 안 나오니 공부에 흥미도 없죠. 소귀에 경 읽기 그 자체입니다.

중하위권 아이들의 대다수는 독해력에 문제를 겪고 있습니다. 반면 상위권 아이들은 그렇지 않죠. 독해에 어려움이 있으면 상위권이 되기 어려우니까요. 하지만 상위권 아이들도 계속해서 독해력 훈련을 해야 합니다. 텍스트의 난이도가 계속 높아지기 때문입니다. 문학에서 비문학으로 분야가 더 넓어지기도 하고요.

○ 우리 아이가 독해를 어려워하는 네 가지 이유

독해력은 크게 네 가지 요소에 의해 결정됩니다.

우리 아이가 독해를 어려워하는 첫 번째 이유는 **유창성 부족** 때문입니다. 독해를 잘하려면 우선 글을 부드럽게 소리 내어 읽을 수 있어야 합니다. 더듬거리거나 자주 틀리면 내용 이해에 어려움을 겪고 있는 것입니다. 이런 경우 매일 하루 10분 내외로 글을 소리 내어 읽는 시간을 가지세요. 모든 책을 매번 소리 내어 읽게 하라는 것은 아닙니다. 그러면 힘들어서 책 읽기를 거부할지도 모릅니다. 중요한 것은 무리 없이 습관을 들이는 것입니다. 부담 없이, 짧게 아이가 좋아하는 책으로 시작하세요. 아이가 즐겁게 읽기 시작하면 점차 유창하게 읽는 힘이 생기고, 독해력 역시 자연스럽게 따라옵니다.

두 번째 원인은 **어휘력 부족**입니다. 글은 어휘와 어휘의 결합입니다. 그래서 어휘를 모르면 글의 내용을 알 수 없는데, 요즘 아이들은 책을 많이 읽지 않아 어휘력이 심각하게 부족합니다.

어휘력 부족 문제를 해결하는 가장 좋은 방법은 독서입니다. 책을 읽지 않고 다른 방법만으로 어휘력 부족 문제를 벗어나기란 쉽지 않습니다. 알아야 할 어휘의 양이 너무나 방대하기 때문입니다. 초등학교 입학부터 고등학교 졸업까지 아이들이 익혀야 하는 단어의 개수는 대략 4만 5,000개입니다. 하나하나 학습하기에는 그 양이 너무 많죠.

또한 어휘를 더 잘 습득하기 위해서는 한자를 배우는 것이 좋습니다. 많은 단어가 한자로 이루어져 있기 때문에 한자의 뜻을 알면 처음 보는 단어라도 그 의미를 유추할 수 있는 능력이 생깁니다. 단순히 단어 하나를 외우는 것이 아니라 어휘의 뿌리와 연결망을 함께 익히는 학습인 셈입니다.

세 번째 이유는 **배경지식 부족**입니다. 독해력과 어휘력을 충족해도 배경지식이 없으면 글을 이해하지 못합니다. 작업 기억에서 설명했지만, 이해는 내가 이미 알고 있는 것과 새로운 것을 연결하는 과정입니다. 따라서 새로운 지식을 이해하는 데 꼭 필요한 지식이 나에게 없다면 이해할 수 없습니다. 배경지식을 키우는 대표적인 방법은 다독(多讀)입니다. 다양한 분야의 책을 읽으면 그만큼 배경지식이 넓어집니다. 깊은 배경지식을 키우고자 한다면 편독(偏讀)이 도움이 될 수도 있습니다. 한 주제 안에서 계속 연결해서 읽는 '주제 연결 독서'도 좋고, 학습만화 역시 매우 효과적입니다. 특히 학습만화는 문해력이 약해 책을 읽지 못하는 아이들에게 도움이 됩니다.

마지막 이유는 **이해 전략 부족**입니다. 아이들은 글을 읽다가 이해가 되지 않으면 바로 '모르겠다.'라고 말합니다. 세상에는 읽으면 바로 이해되는 글도 있지만, 그렇지 않은 글도 많습니다. 그럴 때는 애써 이해해야 합니다. 눈으로 쓱 읽고 "모르겠는데요."라고 하면 안 되죠. 이처럼 글을 이해하기 위해 들이는 노력을 '이해 전략'이라고 합니다. 더 자세한 내용은 〈지식을 내 것으로 만드는 3단 공부 기술〉에서 알아보겠습니다. 이해 전략에는 다음과 같은 방법이 있습니다.

- 다시 한번 읽기.
- 천천히 읽기.

단순한 공부법

- 밑줄 긋기.

- 중요한 단어를 찾기.

- 문장을 끊어서 읽기.

- 관련 자료를 찾아 읽기.

독해력 체크리스트

다음은 우리 아이의 독해력 수준을 확인할 수 있는 체크리스트입니다. 질문을 읽고 우리 아이의 수준을 확인해 봅시다.

	질문	예	아니오
1	글을 또박또박 정확하게 읽는 편이다.		
2	낯선 어휘가 나오면 그 뜻을 다양한 방법을 통해 유추할 수 있다.		
3	긴 문장이나 문단을 읽고도 내용을 놓치지 않고 이해할 수 있다.		
4	문제를 읽을 때, 질문이 무엇을 요구하는지 정확하게 파악할 수 있다.		
5	글의 내용을 잘 모를 때에도 포기하지 않고 이해하려고 끝까지 노력한다.		

* '예'의 개수-독해력: 4개 이상-높음 | 3개-보통 | 2개 이하-낮음

지식을 내 것으로 만드는 3단 공부 기술

○ 지식을 내 것으로
만드는 기술

유도 선수는 상대를 쓰러뜨리기 위해 업어치기, 다리걸기, 메치기와 같은 여러 가지 기술을 사용합니다. 마찬가지로 학습자는 학습 내용을 내 것으로 만들기 위해 공부 기술을 사용해야 합니다.

공부 기술은 작업 기억 단계에서 정보를 처리하는 구체적인 방법입니다. 구체적인 방법을 알고 효과적으로 처리하면 정보를 더 쉽게 이해하고 기억할 수 있습니다. 그러면 학습 효율이 올라서 더 적은 시간을 투자하고도 좋은 결과를 얻을 수 있습니다. 공부에 자신감도 생기겠죠. 이러한 공부 기술은 특정 과목에만 사용되는 것이 아닙니다. 한 번만 익혀 두면 모든 과목에 두고두고 쓸 수 있습니다.

공부 기술은 크게 3단계로 나누어 볼 수 있습니다. **내용 파악 → 이해 → 저장**이 바로 그것입니다.

1단계 '내용 파악'은 정보를 있는 그대로 파악하는 것입니다. 예를 들어 국어 과목이라면 작가가 말한 내용을 있는 그대로 알아차리는 단계입니다. 2단계 '이해'는 파악한 정보를 나의 관점, 나의 의미로 변환하는 과정입니다. 국어 과목이라면 인물에게 벌어진 일을 나의 입장으로 바꾸어 보는 일이겠지요. 마지막 '저장'은 이해한 정보를 장기 기억에 보관하는 과정입니다. 예를 들어 이해한 내용을 나의 방식으로 표현하면서 기억에 남길 수 있습니다.

실질적으로 공부는 위와 같은 3단계로 이루어집니다. 공부를 잘하기 위해서는 이 과정들을 충실히 거치는 것이 중요합니다. 내용 파악 후 나의 언어로 변환하고, 꺼내어 사용하는 연습을 통해 새로운 정보는 완전한 나의 지식이 됩니다.

이 3단계 중 하나라도 부족함이 있으면 제대로 공부하기 어렵습니다. 내용 파악이 안 되면 '무슨 말을 하는 건지 모르겠다.'라고 생각하게 됩니다. 내용만 파악하고 이해하지 못하면 대략 감을 잡을 뿐 지식을 자기 것으로 만들 수 없습니다. 수박 겉핥기일 뿐이죠. 대부분의 아이들이 이 단계에 있습니다. 이해했다고 해도 저장되지 않으면 좋은 점수를 받기 힘듭니다. 전체적으로 큰 그림을 그릴 수 있어도 구체적으로 기억하지 못해 적절한 답을 고르지 못하는 것입니다.

아이들이 저지르는 실수가 바로 이 3단계를 제대로 실천하지 않는 것입니다. 내용 파악도, 이해도 하지 않은 상태에서 외워서 저장만 하려고 하죠. 이렇게 공부하면 제대로 학습되지 않아 성적이 낮을 수밖에 없습니다. 이렇게 공부하면 오히려 기억 저장이 더 어려워집니다. 기계적 암기와 뇌가 실제로 지식을 받아들이는 과정에는 큰 차이가 있기 때문입니다. 그래서 공부를 해도 지식이 들어가지 않고 힘만 듭니다.

공부 기술만 익혀도 공부머리가 크게 변합니다. 학교에서 아이들에게 수업하는 동안 공부 기술을 지속적으로 가르쳤습니다. 예를 들어 저는 수업을 할 때 제가 직접 설명하는 대신 아이들이 직접 교과서를 읽게 했습니다. 그 과정을 통해 아이들 스스로 내용을 파악하고, 이해하고, 출력하는 연습을 하게 했습니다. 효과는 놀라

웠습니다. 아이들이 스스로 공부하는 방법을 깨달은 것입니다. 다음은 제가 가르친 공부 기술의 예시입니다.

○ 내용 파악의 기술

① 텍스트 분해하기

'텍스트 분해하기'는 내용을 쉽게 파악할 수 있도록 글을 잘게 나누는 것입니다. 이를 위해서는 표시를 잘해야 합니다. 중요한 단어는 네모로 표시하고, 중요한 설명에는 밑줄을 긋고, 이해가 안 되는 문장은 의미 단위로 슬래시(/)를 이용하여 끊어 줍니다. 하나, 둘, 셋, 첫 번째, 두 번째, 세 번째와 같이 순서를 나타내는 말에도 표시합니다. 이는 정보를 구조화 및 시각화하여 뇌가 내용을 더 쉽게 처리하도록 돕는 기술입니다.

② 핵심 찾기

'핵심 찾기'는 글에서 가장 중요한 것을 찾는 행위로, 핵심은 단어와 문장으로 나뉩니다. 먼저 글 전체에서 가장 중요한 핵심 단어를 찾습니다. 다음으로 글의 핵심 아이디어를 담고 있는 핵심 문장

단순한 공부법

을 찾습니다. 핵심 단어와 문장을 찾았다면 눈에 띄도록 표시해 둡니다. 이러한 과정은 글을 능동적으로 분석하고 정리하는 힘을 길러 줍니다. 또한 읽는 동시에 정보를 선별하고 구조를 파악하는 연습을 할 수 있습니다.

○ 이해의 기술

① 시각화

'시각화'란 정보를 그림 그리듯 떠올려 보는 것입니다. 정보는 상당 부분 그림으로 바꿀 수 있습니다. 그러니 할 수만 있다면 최대한 시각화하여 받아들이는 것이 장기 기억에 유리합니다. 이미지는 글보다 더 직관적이며, 오래 기억되기 때문입니다. 종이 위에 직접 그림을 그려 보는 것도 좋지만, 번거롭다면 머릿속에 그려 보는 것만으로도 충분합니다.

② 설명하기

'설명하기'란 이해한 내용을 나의 말로 표현하는 것입니다. 이를 위해서는 먼저 글의 내용을 간단히 요약해 보는 것이 도움이 됩니다. 어려운 단어나 표현은 나에게 쉽고 익숙한 것으로 바꾸어 볼 수 있습니다. 글에 없는 새로운 예시를 드는 것도 좋은 방법입니다.

○ 저장의 기술

① 출력하기

'출력하기'는 이미 저장된 정보를 꺼내 봄으로써 새로운 저장을 돕는 방법입니다. 출력의 방법에는 크게 회상하기, 낭독하기, 쓰기가 있습니다. 회상하기는 머릿속으로 내용을 떠올려 보는 것이며, 낭독하기는 입으로 내용을 말해 보는 것입니다. 머릿속으로만 생각하는 회상보다는 낭독이 더 효과적입니다. 정보가 소리와 결합해서 기억을 더 공고히 하기 때문입니다. 쓰기도 좋습니다. 낭독하기가 입으로 하는 기억이라면 쓰기는 손으로 하는 기억입니다. 이둘을 합쳐 손으로 쓰면서 입으로 낭독까지 하면 효과는 더욱 좋습니다. 특히 영어 단어, 영어 문장을 쓸 때 효과적입니다.

② 셀프 테스트

'셀프 테스트'는 스스로 짧은 퀴즈를 내고 답하는 것입니다. 책을 덮고 학습한 내용을 설명하는 것도 아주 효과적인 공부법입니다. 책이나 요약 정리 노트를 보지 않고 설명하는 방법을 통해 자신이 이 내용을 제대로 아는지 정확히 파악할 수 있습니다.

이와 비슷한 백지 테스트는 학습 내용을 백지에 쓰고 그리면서 정리하는 방법입니다. 한 차시, 혹은 한 단원을 학습한 후 중요 개념과 정보를 문제로 내고 스스로 백지를 채워 가면 됩니다.

공부 기술 체크리스트

다음은 우리 아이의 공부 기술 수준을 확인할 수 있는 체크리스트입니다. 질문을 읽고 우리 아이의 수준을 확인해 봅시다.

	질문	예	아니오
1	문제를 풀기 전 해당 문제의 요구나 조건을 먼저 살펴본다.		
2	중요한 단어나 문장에 표시하거나 글을 끊어 읽는 습관이 있다.		
3	읽은 내용을 머릿속에 떠올리거나 간단히 그려보는 것이 어렵지 않다.		
4	배운 내용을 나만의 언어로 바꾸어 설명하거나 요약해서 정리하는 연습을 한다.		
5	공부한 내용을 떠올리거나 입으로 말해 보거나 노트에 쓰며 스스로 출력하는 연습을 한다.		

* '예'의 개수-공부 기술: 4개 이상-높음 | 3개-보통 | 2개 이하-낮음

'왜?'가 만드는
나비효과

'다면적 사고'란 학습 내용을 다양한 측면에서 살펴보고 생각하는 방법입니다. 선생님과 교과서가 제공하는 설명은 보통 하나의 관점만을 보여 줍니다. 이때 또 다른 관점에서 대상을 생각하고 바라보는 것이 다면적 사고입니다. 앞서 학습 내용을 장기 기억에 저장하기 위해서는 작업 기억에서 정보를 잘 처리해야 한다고 설명했지요? 정보를 잘 처리하는 데 필요한 것이 바로 다면적 사고입니다. 작업 기억에서 학습 내용을 능동적으로, 다양한 측면에서 살펴볼 때 대상이 더 잘 이해되며 장기 기억에도 더 잘 저장됩니다.

한 대상을 다양한 측면에서 바라보는 것은 뇌의 습관이자 능력입니다. 생각해 보지 않았던 측면에서 대상을 바라보는 연습을 꾸준히 하면 다면적 사고가 자동화되어 새로운 학습 내용을 만났을 때 더 쉽게 새로운 관점으로 그것을 살펴볼 수 있습니다. 그러면 새로운 대상을 더 잘 이해할 수 있는 힘이 생기며, 그것이 바로 공부머리가 되어 학습의 깊이와 폭을 넓혀 줍니다.

아래의 그림을 한 번 살펴보세요.

무엇이 보입니까? 네, 바로 사각형입니다.

그런데 이것이 사실 육각기둥이라면 어떨까요? 다른 방향에서 이를 바라본다면 다른 도형이 보이겠죠?

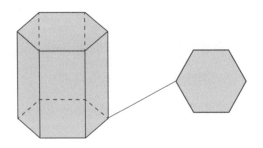

다면적 사고는 공부머리를 키우는 가장 핵심적인 방법입니다. 소수의 곱셈을 배우면 분수의 곱셈도 생각해 보고, 소수의 나눗셈도 생각해 봐야 합니다. 우리나라와 가까운 나라를 배우면 우리나라와 먼 나라도 함께 생각해 보는 겁니다. 이렇게 학습 내용과 연결되는 다른 무언가를 함께 생각해 보는 것이 바로 다면적 사고입니다.

다면적 사고를 꾸준히 실천하면 크게 세 가지 효과를 얻을 수 있습니다.

첫 번째, 사고력이 발달합니다. 생각하는 힘인 사고력은 어떤 문제에 대해 다양한 관점으로 접근할 때 성장합니다. 예를 들어 수학적 사고력은 하나의 수학 문제를 해결할 수 있는 다양한 방법을 찾는 힘입니다. 수학적 사고력이 뛰어나면 어려운 문제의 풀이 방법을 상대적으로 쉽게 찾아낼 수 있습니다. 어려운 문제를 해결하려면 반드시 수학적 사고력이 필요한데, 이를 기르려면 정답지가 알려 주는 풀이 방법 외에 스스로 새로운 풀이 방법을 찾아봐야 합니다. 나만의 방법을 생각할 때 수학적 사고력이 길러지지요.

두 번째, 창의성이 발달합니다. 새로운 아이디어를 만들어 내는 능력인 창의성은 다면적 사고에서 출발합니다. 기존의 생각에서 벗어날 때 이를 더러 흔히 '창의적이다.'라고 하죠. 창의성은 사물을 다른 관점으로 바라볼 것을 요구합니다. 전화기와 컴퓨터를 합쳐 스마트폰을 만들어 낸 애플, 새로운 검색 방식을 제시한 구글, 도깨비바늘이라는 식물에서 영감을 얻어 발명된 벨크로까지, 모두 기존에 있던 사물을 새로운 시각으로 바라봄으로써 만들어진 것입니다. 다면적 사고가 몸에 익은 아이는 창의성이 높을 수밖에 없습니다.

세 번째, 학업 성취도가 향상됩니다. 하버드대학교 교수인 호르헤 I. 도밍게스(Jorge I. Domínguez), 데이비드 N. 퍼킨스(David N. Perkins), 리처드 헤른스테인(Richard Herrnstein)은 베네수엘라에서 교육의 질을 개선하는 실험 프로그램을 진행했습니다. 이 실험에서 연구자들은 중학교 1학년 학생들에게 학습 내용이 아닌 문제 해결 능력을 가르쳤습니다. 그들이 가르친 것은 범주화, 가설 검증, 유비 추론, 명제의 구조 파악, 복잡한 논증의 구성과 평가, 자료의 신뢰성과 적절성 평가 등으로 다면적 사고의 일종이었습니다. 이를 훈련받은 아이들은 일반적인 교육을 받은 아이들에 비해 문제 해결 능력, 언어 이해, 문제 공간, 의사 결정, 발명적 사고, IQ 검사 등에서 분명한 발전을 보였습니다. 이처럼 다면적 사고를 체계적으로 훈련하면 사고력 전반이 향상되고, 이는 자연스럽게 학업 성취로

단순한 공부법

이어집니다.

초등 아이들이 특히 집중적으로 연습해야 하는 사고는 바로 **원인과 결과, 비교와 대조, 구체와 추상**입니다. 이 세 가지 생각 방법은 하나의 대상을 각각 다른 방향에서 바라보게 함으로써 대상을 완전히 이해하는 데 큰 도움이 됩니다.

원인과 결과는 대상이 어디에서 와서 어디로 가는지 대상의 전후를 알려 줍니다. 비교와 대조는 대상과 비슷하고 다른 것에는 무엇이 있는지 대상의 좌우를 살핍니다. 구체와 추상은 대상이 무엇에 속하고 무엇을 포함하는지 대상의 상하를 보여 줍니다. 그래서 이 세 가지 관점으로 대상을 살펴보면 전체적인 관점에서 바라볼 수 있습니다.

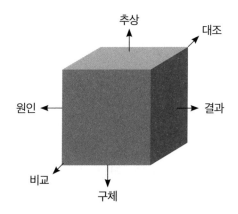

이제 실제로 다면적 사고를 하는 방법을 살펴보겠습니다. 먼저 원인과 결과입니다. 학습 내용이 발생한 원인과 그 학습 결과로 인해 도출할 수 있는 것이 무엇인지 생각해야 합니다. 원인과 결과의 과목별 예시와 함께 살펴보겠습니다.

원인과 결과의 과목별 예시

- **국어: '중심 생각을 찾아요'**

  원인: 중심 생각이 발생한 이유.

  결과: 중심 생각이 글 전체에 미치는 영향.

- **수학: '소수의 덧셈과 뺄셈'**

  원인: 소수의 덧셈을 할 때 소수점 위치를 맞춰야 하는 이유.

  결과: 소수점 위치를 맞추지 않으면 생기는 일.

- **사회: '고려 문화의 우수성'**

  원인: 고려 문화가 발전할 수 있었던 이유.

  결과: 고려 문화가 현대에 미친 영향.

- **과학: '계절의 변화'**

  원인: 계절이 생기는 이유.

  결과: 계절의 변화에 따른 자연 현상.

다음은 비교와 대조입니다. 학습 내용과 견주어 볼 대상을 찾아보고 그들 사이의 공통점 및 차이점을 생각해야 합니다. 비교와 대조의 과목별 예시와 함께 살펴보겠습니다.

비교와 대조의 과목별 예시

- **국어: '관용 표현을 활용해요'**

  '열 번 찍어 안 넘어가는 나무 없다.'와 '오르지 못할 나무 쳐다보지도 마라.' 사이의 공통점과 차이점.

- **수학: '분수와 소수'**

  분수와 소수의 공통점과 차이점.

- **사회: '교통과 통신수단의 변화'**

  옛날과 오늘날 교통수단의 공통점과 차이점.

- **과학: '식물의 일생'**

  식물과 동물의 공통점과 차이점.

다음은 구체와 추상입니다. 학습 내용이 무엇의 일종인지, 그리고 그것에는 무엇이 포함되는지 생각해 봅니다. 구체와 추상의 과

목별 예시와 함께 살펴보겠습니다.

구체와 추상의 과목별 예시

- **국어: '회의를 해요'**

  구체: '질서를 잘 지키자.'라는 의견의 구체적인 예.

  추상: 여러 의견을 짧게 간추리기.

- **수학: '사각형'**

  구체: 사각형의 종류.

  추상: 사각형은 무엇의 일종일까?

- **사회: '촌락과 도시의 생활 모습'**

  구체: 임업의 실제 예시.

  추상: 임업은 무엇에 속할까?

- **과학: '생물과 환경'**

  구체: 생태계를 이루고 있는 요소.

  추상: 부들과 검정말은 무엇의 일종일까?

다면적 사고를 위해서는 질문을 습관화해야 합니다. 적절한 질문을 반복하다 보면 머리는 저절로 생각을 하게 됩니다. 처음에는

단순한 공부법

별생각이 들지 않을 겁니다. 아직 훈련되지 않았기 때문입니다. 그럼에도 불구하고 계속 질문해야 합니다. 계속 질문하다 보면 생각의 길이 잡힙니다. 그러면 더 이상 노력하지 않고도 저절로 생각할 수 있게 됩니다. 새로운 것을 학습할 때마다 다음과 같은 질문을 떠올려 보길 바랍니다.

- **원인과 결과**

  '이건 왜 그럴까?', '그래서 어떻게 될까?'
- **비교와 대조**

  '이것과 저것은 무엇이 같을까?', '이것과 다른 것에는 무엇이 있을까?'
- **구체와 추상**

  '그것의 예는 무엇일까?', '그것은 무엇의 일종인가?'

다면적 사고 체크리스트

다음은 우리 아이의 다면적 사고 수준을 확인할 수 있는 체크리스트입니다. 질문을 읽고 우리 아이의 수준을 확인해 봅시다.

	질문	예	아니오
1	하나의 문제에 대해 여러 가지 해결 방법이나 접근법을 시도한다.		
2	같은 내용을 배워도 친구들과 다른 해석이나 의견을 자주 내놓는다.		
3	'만약 ~라면?'과 같이 조건을 바꿔 보기를 즐긴다.		
4	새로운 관점이나 시각을 들었을 때 흥미를 느끼고 기꺼이 받아들이려는 태도를 보인다.		
5	교과에서 배운 내용을 실생활의 다른 주제나 경험과 연결하려고 시도한다.		

* '예'의 개수-다면적 사고: 4개 이상-높음 | 3개-보통 | 2개 이하-낮음

고민 없이
공부하는 뇌 만들기

'자동적 사고'란 의식적 노력 없이 저절로 떠오르고 진행되는 생각입니다. 우리는 매일 다니는 출근길에서 어느 방향으로 가야 하는지 고민하지 않습니다. 현관 비밀번호를 누를 때 역시 고민하지 않습니다. 한편 새해에 자주 하는 실수가 있습니다. 바로 이전 연도를 적는 것입니다. 이런 일이 일어나는 이유는 모두 자동적 사고 때문입니다. 자동적 사고는 생각과 노력 없이 어떤 일을 할 수 있게 만들어 줍니다.

자동적 사고가 형성되면 무슨 일이든 편하고 능숙해집니다. 몸이 저절로 반응하기 때문입니다. 일일이 생각하고 고민해야 했던

부분에 더 이상 신경 쓰지 않아도 되므로 더 중요한 일에 집중할 수 있게 됩니다. 이로 인해 결과물은 더 훌륭해집니다.

반대로 자동화가 되지 않으면 상당한 에너지가 소모되고 많은 스트레스를 느끼게 됩니다. 초보 운전자가 얼마나 많은 스트레스를 받는지 생각해 보세요. 운전에 능숙한 운전자는 차선을 바꿀 때 큰 노력을 들이지 않지만, 초보 운전자는 다음 과정을 하나하나 생각해야 합니다. 사이드미러 보기, 깜빡이 켜기, 앞차, 뒤차와의 거리 가늠하기, 타이밍 계산하기, 적절하게 엑셀 밟기, 적절하게 핸들 틀기 등. 이 모든 것을 하나하나 생각하면서 운전하려니 얼마나 피곤하고 힘들까요?

똑같은 일이 공부에서도 일어납니다. 따라서 공부를 잘하려면 공부에 필요한 여러 사고 과정이 자동화되어야 합니다. 자동화되지 않으면 무엇을 어떻게 해야 하는지 매번 고민해야 합니다. 그러다 보면 정작 해야 하는 공부에 집중하기가 어렵죠.

물론 모든 공부를 자동적 사고로 하는 것은 아닙니다. 어떤 내용은 의식적 사고로 처리해야 합니다. 예를 들어 자주, 반복적으로 사용하는 생각, 수학 과목에서 문제 읽기, 익숙한 문제 유형의 풀이 방법을 떠올리기, 사칙연산을 이용해 계산하기 등은 자동적 사고가 처리해야 합니다.

반면 개별적인 특성이 있는 경우, 예를 들어 낯선 유형의 문제 풀이, 문제에 함정은 없는지 확인하기, 틀린 이유를 찾아낼 때 등은 의식적 사고를 사용해야 합니다. 이런 순간에도 자동적 사고를 사용하면 문제를 해결할 수 없고 덜컥 함정에 걸려들게 됩니다.

○ 자동적 사고를 기르는 방법

자동적 사고 향상에 필요한 것은 바로 반복입니다. 특정 행위와 사고를 반복하면 그것이 패턴화되어 저절로 반복하게 됩니다. 다음의 세 가지를 반복해 보세요.

첫 번째, 규칙적으로 공부하는 습관이 중요합니다. 공부하기 싫은 가장 큰 이유는 공부가 습관화되지 않았기 때문입니다. 매일매일 규칙적으로 공부하다 보면 공부하는 상황이 자동화되어 더 이상 스트레스를 받지 않습니다. 아이가 공부하기 싫어한다고 해서 마냥 기다리지 마세요. 스스로 공부하겠다고 하는 아이는 거의 없습니다. 부모가 나서서 공부하는 습관을 잡아 주어야 합니다. 하지만 아이가 아직 어리다면 초등학교에 입학할 때까지는 기다려 주세요.

두 번째, 공부머리의 여덟 가지 요소가 긍정적인 상황에서 공부해야 합니다. 공부할 때는 학습 지향성과 집중력이 높은 상태인지 꼭 확인하세요. 공부하기 싫어 몸을 배배 꼬는 아이를 억지로 공부시켜서는 안 됩니다. 학습 지향성과 집중력이 낮은 상태가 반복되면 이것이 자동화되기 때문입니다. '바로 앞에서는 규칙적으로 공부하라고 했는데, 이 둘이 상충하는 것 아냐?'라고 생각하실 수 있는데, 그렇지 않습니다. 먼저 학습 지향성과 집중력을 개선시키세요. 그다음 호기심을 자극하고 공부 정서에 신경 쓰세요. 집중할 수 있는 환경부터 만들어 주고 공부시키는 겁니다. 또한 처음부터 공부량을 과도하게 잡지 말고 아주 적은 양부터 시작하세요. 독서 5분, 연산 문제집 2쪽 등 아주 쉽고 간단하게 시작하면 됩니다.

세 번째, 의식적으로 깊게 생각하고 이를 반복해야 합니다. 초등 아이들은 깊게 생각하지 않고 떠오른 대로 대답합니다. 의미는 생각해 보지 않고 표면적 의미에 반응하고, 덧셈과 뺄셈을 빠르게 계산할 수는 있지만 응용하지는 못합니다. 자동적 사고의 질이 좋지 않기 때문입니다. 자동적 사고의 질을 높이기 위해서는 저차원 자동적 사고의 사용 빈도를 줄이고 고차원적인 사고를 시도해야 합

단순한 공부법

니다. "몰라요."라고 답하기 전에 왜 그런지 1분 동안 고민해 보세요. 글에 사용된 단어에 숨겨진 의미에 대해 질문해 보세요. 수의 관계에 대해 곱씹어 보세요. 이렇게 의식적으로 깊게 생각하다 보면 생각이 자동화됩니다. 그렇게 자동적 사고의 질이 좋아집니다.

자동적 사고 체크리스트

다음은 우리 아이의 자동적 사고 수준을 확인할 수 있는 체크리스트입니다. 질문을 읽고 우리 아이의 수준을 확인해 봅시다.

	질문	예	아니오
1	새로운 정보를 접했을 때 관련된 개념과 내용이 저절로 떠오른다.		
2	따로 요약·정리하지 않아도 배운 내용이 머릿속에서 정리된다.		
3	배운 개념이 시험뿐만 아니라 실생활에서도 자연스럽게 떠오른다.		
4	연산할 때 직관적으로 근사치의 답을 떠올릴 수 있다.		
5	문제를 볼 때 해결 방법이 직관적으로 떠오른다.		

* '예'의 개수-자동적 사고: 4개 이상-높음 | 3개-보통 | 2개 이하-낮음

지식에도
정리가 필요해!

지식 구조란 개인의 머리속에 지식이 정리되어 있는 방식을 뜻
합니다. '어떤 지식이 저장되어 있는가?'가 아닌 '지식이 어떻게 연
결되어 있는가?'를 이야기합니다.

인간의 뇌는 지식을 단순히 쌓아두듯 저장하지 않습니다. 우리
뇌는 지식을 상호 관련성에 따라 서로 연결해 복잡한 네트워크를
형성하고 있습니다. 예를 들어 '호랑이'라는 개념은 단독으로 저장
되는 것이 아니라 뱀, 코끼리, 사자, 거북이, 독수리와 같은 다른
동물 개념과 연결되어 있습니다. 호랑이는 이 중에서도 사자와 가
장 단단하게 연결되어 있을 것입니다. 포유류면서 포식자라는 공

통점이 있기 때문입니다. 반면 비교적 공통점이 적은 거북이와는 연결이 느슨하겠지요. 이렇게 지식 간의 관련성이 높으면 높을수록 뇌 안에서 더 가까이에 위치하고 더 단단히 연결되는 경향이 있습니다.

지식 구조는 지문과도 같습니다. 전 세계 그 누구도 다른 이와 똑같은 지식 구조를 가진 경우는 없기 때문입니다. 알고 있는 지식의 종류는 물론 학습자의 환경, 경험, 그리고 학습 방법에 따라 지식 구조는 달라지기 마련입니다.

지식 구조는 사람마다 모두 다르지만, 크게 두 종류로 나누어 볼 수 있습니다. 바로 **연결이 풍부한 지식 구조**와 **연결이 빈약한 지식 구조**입니다. 물론 단 두 종류의 지식 구조만 있다는 뜻은 아닙니다. 사람마다 풍부함의 정도와 연결 방식은 모두 다릅니다. 단순화하자면 그렇다는 뜻입니다.

지식 구조 연결성의 풍부함은 학습에 중대한 영향을 끼칩니다. 물론 지식 구조의 연결성이 풍부한 아이가 그렇지 않은 아이보다 더 쉽게 공부합니다. 더 쉽게 이해하고, 기억하고, 출력할 수 있기 때문입니다. 이에 대해 더 자세히 설명해 보겠습니다.

　위의 그림을 보시죠. 왼쪽 사진 속 책들은 책장에 잘 정돈되어 있습니다. 반면 오른쪽 사진 속 책은 짐처럼 쌓여 있습니다. 만약 책을 찾아야 한다면 어느 쪽에서 더 쉽게 찾을 수 있을까요? 왼쪽 이겠죠. 정해진 원칙에 따라 정리되어 있기 때문입니다.

　우리나라는 '한국십진분류법'에 따라 책을 분류하고 있습니다. 덕분에 1,400만 권 넘는 책을 보관 중인 국립중앙도서관에서도 원하는 책을 어렵지 않게 찾을 수 있습니다.

　만약 1,400만 권의 책을 오른쪽 사진처럼 아무렇게나 쌓아 둔다면 원하는 책을 찾을 수 있을까요? 1,400만 권 사이에서 내가 원하는 책을 찾으려면 몇 년이 걸릴지 모를 일입니다. 게다가 책이 멀

쩡할지도 보장할 수 없습니다.

이 두 사진은 아이들 머릿속에 들어 있는 지식 구조를 상징적으로 보여 줍니다. 잘 정리된 도서관은 연결이 풍부한 지식 구조를, 아무렇게나 던져 둔 책은 빈약한 연결의 지식 구조를 상징합니다.

연결이 풍부한 지식 구조는 새로 습득한 정보를 도서관처럼 종류와 상호 관련성에 따라 적절한 위치에 저장합니다. 호랑이는 사자와, 비행기는 배와, 삼각형은 사각형과 연결해 정리합니다. 이렇게 하나의 지식을 다른 지식과의 관련성을 통해 이해하고 나면 뇌는 지식을 최적의 위치에 배치할 수 있습니다. 이렇게 정확한 위치에 저장하면 나중에 출력하기도 쉽습니다. 뇌가 해당 정보를 쉽게 찾을 수 있다는 말은 곧 시험 때 쉽게 기억해 낼 수 있다는 뜻입니다.

연상 작용이 잘 일어나는 것도 장점입니다. '추리'하면 「셜록(SHERLOCK)」, 셜록하면 배우 베네딕트 컴버배치(Benedict Cumberbatch)가 떠오르는 식이지요. 연상 작용이 잘 일어나면 창의성이 높아지고, 학습에서도 큰 이점을 가질 수 있습니다. 새로운 지식을 이해하는 데 필요한 배경지식이 더 쉽게 떠오르기 때문입니다.

지식 구조의 연결성이 빈약하면 정보가 제자리에 위치하지 않아 필요할 때 떠오르지 않습니다. 분명히 공부했는데 기억이 안 나는 이유가 바로 여기에 있습니다. 연상 작용도 잘 일어나지 않고,

단순한 공부법

창의성이 부족해 새로운 생각을 하기 힘들어집니다. 관련된 배경지식이 떠오르지 않아 새로운 내용을 배울 때도 어려움이 많습니다.

○ 연결성이 풍부한
지식 구조를 만드는 방법

연결성이 풍부한 지식 구조는 어떻게 만들 수 있을까요? 우선 연결성이 빈약한 지식 구조가 왜 생기는지 알아야 합니다. 새로운 지식을 배울 때 이해하지 못한 채 억지로 저장하면 연결성이 떨어집니다. 쉽게 말해 이해 없이 기계적 암기를 하면 연결성이 낮아진다는 의미입니다. 연결은 상호 관련성을 파악할 때, 즉 이것과 저것 사이에 어떤 관련성이 있는지 알아차릴 때 생깁니다. 이해하지 못했다는 것은 다른 정보와의 관련성을 알지 못한다는 뜻입니다. 연결이 생길 수가 없죠.

많은 아이들이 공부할 내용이 많아서, 이해하기 어려워서 무조건 외웁니다. 그렇게 학습하면 뇌는 정보를 어디에 저장해야 하는지 모릅니다. 그러니 아무런 연결성도 발생하지 않습니다. 결국 시간이 지나면 정보가 아무렇게나 쌓이고, 필요할 때 찾지 못하게 됩니다. 따라서 빈약한 연결의 지식 구조를 가진 아이의 학습은 매우 더딜 수밖에 없습니다. 새로운 것을 배워서 암기해도 시험 날이 되면 떠오르질 않아요. 관련된 정보를 봐도 마찬가지입니다. 연상 작용이 일어나지 않기 때문이죠.

　정말 심각한 것은 이 상황이 점점 강화된다는 겁니다. 지식 구조의 연결이 빈약한 아이의 학습은 시간이 흐르면 흐를수록 점점 더 어려워집니다. 이해를 위해서는 배경지식을 서로 연결해야 하는데, 연결이 빈약하니 활용할 수 있는 배경지식이 적습니다. 그러니 이해가 어렵죠. 이해가 안 되니 답답한 마음에 무작정 기계적 암기

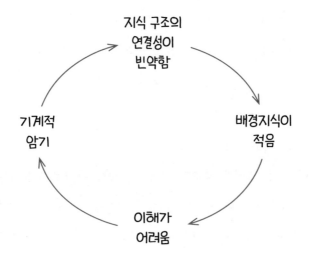

단순한 공부법

를 합니다. 기계적으로 암기했으니 지식 구조는 더욱 빈약해집니다. 빈약해진 지식 구조는 학습을 어렵게 하고, 다시 기계적 암기를 하게 되고, 그것이 연결성을 더더욱 빈약하게 만듭니다. 이 과정이 계속 반복됩니다. 그래서 초등 시기에 이해 없이 암기 중심으로 공부하면 나중에는 공부할 수 없는 머리가 된다는 것입니다.

초등학생 때는 지식을 정확하게 외우는 것보다 전체적인 그림을 이해하는 것이 더 중요합니다. 예를 들어 '임진왜란은 1592년에 일어났다.'라고 외우기보다는 '조선 역사를 볼 때 임진왜란은 대략 1500년도 후반에 일어났을 것이다.'라고 스스로 생각할 수 있어야 합니다. 두 방법 사이에는 차이점이 있습니다. 단순히 연도를 외우기만 하는 것은 연결성이 부족한 단순 지식인 반면, 연도를 추측하여 설명하는 것은 조선의 전체적인 시대 흐름을 알아야 가능한 일입니다.

연결성이 풍부한 지식 구조를 만들기 위해서는 작업 기억에서 정보를 충실히 처리해야 합니다. 특히 다면적 사고가 중요합니다. 지식의 다양한 측면을 살피면 다른 지식과 많은 연결이 생깁니다. **배움의 속도가 아닌 깊이에 신경 써야 합니다.** 이를 생각할 때 지식은 더 많은 지식과 연결되며, 연결성이 풍부한 지식 구조가 생성됩니다.

3장.

읽기·말하기·쓰기, 공부의 세 축

읽고 말하고 쓰면
뇌가 깨어난다

"이건 왜 그럴까?", "이것과 저것은 무슨 차이일까?", "이것의 구체적인 예시는 무엇일까?"

질문하고 스스로 생각할 때 공부머리는 자랍니다. 이런 생각의 과정에서 시냅스 연결과 수초화가 일어나니까요.

저는 아이들을 가르칠 때 늘 스스로 생각해 보라고 말했습니다. 그런데 실제로 생각하는 아이는 많지 않았습니다. 저는 방법을 찾기 시작했습니다. 상품을 주며 칭찬도 해 봤고, 멍하니 있는 아이들을 혼내기도 해 봤습니다. 하지만 변화는 크지 않았습니다.

그러다 결국 방법을 찾았습니다. 바로 **학습 읽기, 학습 대화, 학습 쓰기**입니다. 생각은 머릿속에서 일어나기 때문에 눈에 보이지 않습니다. 보이지 않으니 어떤 생각을 하는지, 생각을 하기는 하는지 알 수 없었습니다. 따라서 아이들의 생각을 밖으로 꺼내 주어야겠다고 생각했습니다. 읽고 대화하고 쓰니 생각이 겉으로 드러나기 시작했습니다.

이는 단순히 생각의 여부를 확인하는 역할만 하는 것이 아닙니다. 학습 읽기, 학습 대화, 학습 쓰기 방식을 사용하자 아이들의 공부가 크게 달라졌습니다. 우선 수업 내용을 이해하지 못하는 아이들의 숫자가 줄었습니다. 수업 후에는 늘 내용을 이해하지 못하는 아이들이 있었습니다. 하지만 읽고, 쓰고, 대화하자 대부분이 수업 내용을 이해하기 시작했습니다. 이전에는 수업을 가만히 듣고만 있었지만, 스스로 읽고, 대화하고, 쓰면서 내용이 머릿속으로 들어간 것입니다. 뿐만 아니라 아이들의 생각도 깊어졌습니다. 그전에는 볼 수 없었던 다양한 아이디어를 선보이며 점차 배움이 풍성해졌습니다. 아이들은 자신이 낸 아이디어에 스스로 감탄했고, 배움의 즐거움을 느끼기 시작했습니다.

문장 사이를 읽는 아이가 성적도 뚫는다

○ 학습 읽기란?

우리는 재미를 위해 소설을 읽고, 정보를 얻기 위해 브로슈어를 읽습니다. 이와 달리 학습 읽기는 말 그대로 공부를 위해 학습 목적으로 책을 읽는 것입니다. 그저 목적만 다른 것이 아닙니다. 읽는 방식과 태도 역시 다릅니다. 재미를 위한 독서나 정보 획득을 위해 이루어지는 일반적인 읽기와 달리, 학습 읽기는 생각하며 읽고, 중요한 정보를 파악하고, 의미를 내 것으로 만드는 과정을 포함해야 합니다.

읽기는 모든 공부의 시작입니다. 사람은 언어로 지식을 주고받고 중요한 지식의 대부분은 글로 쓰여 있기 때문입니다. 글을 이해하지 못하면 지식을 받아들일 수 없고, 결국 공부가 막히게 됩니다. 그래서 책을 잘 읽기만 해도 이 세상의 지식 대부분을 학습할 수 있습니다. 하지만 책을 읽는다고 모두 좋은 대학교에 가거나 전문가가 되는 건 아닙니다. 읽기의 효과를 누리려면 제대로 읽을 줄 알아야 합니다.

가볍게 읽어서는 깊은 학습이 일어나지 않습니다. 공부머리도 자라지 않습니다. 학습 읽기는 제대로 된 깊은 읽기를 뜻합니다. 사소한 것에 얽매는 것을 뜻하는 것은 아닙니다. 작고 사소한 지식 외우기는 공부머리를 방해하니까요. 깊이 읽고 중요한 내용을 중심으로 생각하고, 사소한 것은 지나칠 줄 알아야 합니다.

중요한 내용과 사소한 정보의 차이는 무엇일까요? 다음 글에서 작가가 전하고자 하는 중심 내용과 굳이 외우지 않아도 되는 정보를 구분해 보세요.

봄은 다른 계절보다 짧게 느껴집니다. 이 시기에는 다양한 꽃들이 피어나 도시 전체가 화사해지죠. 그중에서도 특히 사랑받는 것은 장미과에 속한 벚꽃입니다. 한강변을 걷거나 자전거를 타면서 벚꽃을 보는 것은 많은 사람의 봄맞이 루틴입니다. 벚꽃 명소로 알려진 장소는 예외 없이 사람들로 붐빕니다.

이 글의 중심 내용은 '벚꽃은 봄의 대표적인 즐길 거리로, 많은 사람이 찾는다.'입니다. 반면 군이 외우지 않아도 되는 정보는 '벚꽃은 장미과에 속한다.'라는 사실이죠. 이처럼 초등학생은 공부할 때 중요한 정보와 군이 외우지 않아도 되는 주변 정보를 구분하며 읽어야 합니다. 그래야만 중요한 정보에 에너지를 쏟을 수 있습니다.

○ 학습 읽기의 효과

학습 읽기를 하면 많은 지식을 습득할 수 있습니다. 책은 지식의 보고입니다. 책을 제대로 읽음으로써 아이들은 평소에 접할 수 없었던, 혹은 평소에는 놓쳤던 지식을 배울 수 있게 됩니다. 하지만 학습 읽기의 진짜 효과는 바로 공부머리입니다. 학습 읽기는 공부머리 여덟 가지 요소를 직접적으로 자극합니다.

학습 지향성: 지식을 얻는 즐거움을 느끼게 됩니다.

집중력: 집중해서 읽게 됩니다.

작업 기억: 읽으면서 많은 생각을 하게 됩니다.

독해력: 책을 깊이 읽는 방법을 익힙니다.

공부 기술: 제대로 읽는 과정에서 다양한 공부 기술을 사용하게 됩니다.

다면적 사고: 책에는 매우 다양한 시각과 관점이 담겨 있습니다.

자동적 사고: 공부 기술과 다면적 사고를 반복적으로 사용하게 됩니다.

지식 구조: 책에 담긴 지식은 풍부한 연결 구조를 가집니다.

○ 이렇게 실천하세요

첫째, 문학을 충분히 읽게 하세요. 문학은 공부와 관련 없다고 생각하는 사람도 있습니다. 하지만 문학은 공부머리의 가장 기초적인 도구입니다. 읽는 행위는 공부머리를 발달시킬뿐더러 다면적 사고를 자극합니다. 이야기 속에는 문제가 일어난 원인과 결과, 이야기의 순서와 차례가 있습니다. 또한 이야기를 읽다 보면 장면을 상상하게 되므로 아이의 상상력을 길러 줄 수 있습니다.

둘째, 다양한 비문학을 읽게 하세요. 사회 및 과학 분야의 비문학에는 많은 지식이 담겨 있습니다. 계속해서 이를 읽는 시간을 가져야 합니다. 비문학을 읽은 후에는 중요한 정보를 정리하는 것이 좋습니다. 이 과정이 바로 학습 읽기의 핵심입니다. 다만 초등학교 저학년 아이들이 비문학을 읽기는 조금 어려울 수 있습니다. 그러니 문학부터 읽은 후 점차 비문학으로 넘어가는 것을 추천합니다.

셋째, 교과서를 공부하세요. 교과서는 대표적인 비문학 텍스트입니다. 문제집만 푸는 공부에서 벗어나 교과서를 꼼꼼하게 읽으며 공부해 보세요. 교과서 읽기는 그저 읽는 것이 아니라 다면적 사고와 공부 기술을 이용해 전체적인 내용을 파악하고 핵심 내용을 정리해서 지식을 습득하려는 노력이 필요합니다.

다만 교과서에만 너무 매몰되는 것은 피해야 합니다. 중고등학교에 가서는 내신을 위해 교과서 중심으로 공부해야 하지만, 시험에서 자유로운 초등에서는 그보다 비문학 도서를 많이 읽는 것이 더 좋습니다. 교과서는 핵심 정보만 모아 놓아 연결성이 빈약한 경향이 있습니다. 적은 분량에 많은 지식을 넣는 바람에 아이들이 흥미를 느끼기도 쉽지 않습니다. 그러니 비문학 읽기를 우선으로 하되, 교과서 읽기를 곁들이면 좋습니다.

넷째, 핵심 개념을 정리합니다. 비문학에는 내용 전체를 대표하는 가장 중요한 어휘가 있습니다. 이를 '핵심 개념'이라고 합니다. 이 핵심 개념을 잡아야 독해의 중심이 잡힙니다. 그래서 학습 읽기를 할 때는 항상 핵심 개념에 유의하며 읽고 정리해야 합니다. 예를 들어 보겠습니다.

평등권이란 국민이 법 앞에 평등하여 정치적·경제적·사회적 생활의 모든 면에서 차별을 받지 않는 기본권입니다.

위 문장에는 다양한 어휘가 등장합니다. 평등권, 국민, 법, 평등, 정치적, 경제적, 사회적, 생활, 면, 차별 등. 이 중에서 특히 중심이 되는 어휘, 즉 핵심 개념은 바로 평등권입니다. 나머지 어휘는 모두 평등권을 설명하기 위해 사용되었습니다. 따라서 이 글을 읽은 후에는 평등권이라는 핵심 개념을 정리해야 합니다.

핵심 개념을 정리하는 방법은 다음과 같습니다. 우선 핵심 개념은 반드시 나의 말로 설명할 수 있어야 합니다. 예를 들어 위 문장을 읽고 "평등권은 한 사람이 다른 사람에 비해 차별받지 않아야 한다는 거야."라고 말할 수 있다면 완벽합니다. 이런 식으로 핵심 개념을 단순하게 정리하여 명확히 이해해야 합니다.

나머지 어휘는 핵심 개념을 이해하는 데 필요한 정도로만 정리합니다. 전체적인 내용을 이해하는 데 어려움이 없다면 일부 모르는 어휘가 있어도 괜찮습니다. 이왕이면 많은 어휘를 알면 좋지만,

모든 어휘를 이해하려고 하다 보면 공부의 즐거움이 반감되기 마련입니다. 자동차가 계속 가다가 말다가 하면 드라이브를 즐길 수 없겠죠? 단어를 하나하나 정리하느라 읽기를 계속 중단하면 학습 읽기의 재미가 사라집니다. 따라서 전반적으로 이해할 수 있는 수준에서 정리만 하는 것이 좋습니다. 아이가 자연스러운 읽기의 흐름을 살리며 공부할 수 있도록 도와주세요.

다섯째, 핵심 내용을 정리합니다. 핵심 개념을 중심으로 펼쳐지는 내용 중에서 가장 중요한 부분을 정리하는 겁니다. 비문학에는 핵심 정보와 이를 보충하기 위한 개별 정보가 존재합니다. 여러 정보 중 무엇이 핵심 정보인지 구분해야 합니다.

문학도 마찬가지입니다. 줄거리에는 중요 사건과 개별 사건이 있습니다. 이를 구분할 수 있어야 합니다. 이를 정리할 때 핵심 내용만 남기는 연습을 계속해야 합니다. 이때 공부 기술을 적극적으로 사용해야 합니다. 밑줄을 긋고, 동그라미를 치고, 문장을 끊어 보는 것입니다. 또한 요약하고, 시각화하고, 질문하고, 설명하세요. 공부 기술이 늘고 공부머리가 자랄 것입니다.

여섯째, 행간을 읽어야 합니다. 학습 읽기는 정보를 전부 외우는 공부가 아닙니다. 더 큰 틀에서 생각하면서 꼼꼼하게 읽는 것입니다. 예를 들어 역사책을 읽을 때는 읽고 있는 페이지의 앞뒤 페이지를 함께 살피면서 읽으면 좋습니다. 하나의 사건이 다른 사건과 어떻게 연결되어 있는지 알 수 있기 때문입니다. 그러면 역사적 사건을 단순히 외우는 데 그치지 않고 사건 사이의 인과관계를 파악할 수 있게 됩니다. 다른 사건과 비교하며 공통점과 차이점도 생각해 보고요. 행간을 읽는다는 것은 바로 이런 뜻입니다. '직접 서술되지 않은 부분도 생각하며 읽는다.', 이것이 중요합니다.

대화로 키우는 공부력

○ 학습 대화란?

사람들은 여러 가지 목적으로 대화합니다. 친교의 목적, 유희와 놀이의 수단, 자신의 생각을 정리하기 위해서 등. 동시에 대화는 인간이 정보를 얻는 아주 기본적인 수단이기도 합니다. 학습 대화란 단순한 잡담과 달리 배움을 목적으로 생각을 나누는 대화를 말합니다. 책을 읽고 그 내용을 설명해 보거나 서로 질문하면서 답을 찾아가는 것입니다. 이런 대화를 나누면 아이의 머릿속에 있던 생각을 밖으로 꺼낼 수 있으며, 이 과정에서 생각을 정리할 수 있습니다. 배운 것을 자신의 언어로 설명하면서 생각은 더 또렷해지고, 이해의 깊이도 깊어집니다. 상대방의 질문에 답하며 논리적 흐름을 다듬고, 설명이 부족한 부분을 점검하게 됩니다. 이런 반복을 통해 학습한 내용이 단단하게 머릿속에 자리 잡게 되는 것입니다.

○ 학습 대화의 효과

학습 대화가 배움에 미치는 영향 중 가장 중요한 것은 지식을 '자기 언어화'한다는 것입니다. 누구나 자신만의 언어를 가지고 있습니다. 누군가는 직관적으로 말하고, 누군가는 감정적으로, 또 누군가는 논리적으로 말합니다. 각자가 가진 어휘에도 차이가 있습니다. 누군가는 6만 단어를 알고, 누군가는 3만 단어를 압니다. 이두 사람이 공통적으로 아는 단어가 있다고 해도 그 단어를 이해하고 활용하는 정도에는 차이가 있습니다. 그래서 타인의 언어를 그대로 나의 것으로 삼을 수는 없습니다. 이것이 바로 자기 언어화가 중요한 이유입니다. 타인의 지식을 나의 지식으로 가져오려면 나의 언어로 바꾸어야 합니다. 그래야 이해할 수 있고, 기억할 수 있고, 사용할 수 있습니다.

아이들이 읽은 글은 타인의 언어일 뿐만 아니라 어른의 언어입니다. 그래서 그냥 읽는 것만으로는 이해하기 쉽지 않습니다. 이러한 타인의 언어를 이해하려면 학습 대화를 통해 자기 언어화해야 합니다. 내가 읽은 것, 내가 이해한 것을 맞든 틀리든 말로 뱉어 내는 과정이 필요합니다. 말하려고 고민하고, 말하고 수정하는 과정에서 점차 자기 언어화되며 결국 이해에 도달합니다.

학습 대화는 공부머리의 여덟 가지 요소에도 다음과 같은 영향을 미칩니다.

학습 지향성: 공통 주제에 대한 대화는 흥미를 높입니다.

집중력: 한 주제에 대해 이어지는 대화는 집중력을 높입니다.

작업 기억: 상대방의 말을 듣고 내가 할 말을 찾는 일 등은 작업 기억을 적극 사용합니다.

독해력: 혼자서는 이해하지 못했던 내용도 대화를 통해 이해하게 됩니다.

공부 기술: 타인이 지식을 생각하고 정리하는 방식을 모방합니다.

다면적 사고: 상대방의 새로운 관점과 사고방식을 모방합니다.

자동적 사고: 다면적 사고와 공부 기술을 지속적으로 사용합니다.

지식 구조: 대화를 통해 다양한 방식으로 생각하게 되어 지식 구조가 풍

부해집니다.

○ <u>이렇게 실천하세요</u>

이제 학습 대화를 실천하는 방법에 대해 알아보겠습니다.

첫째, 학습 읽기와 연결하세요. 학습 대화를 할 때는 학습 내용에 대해 대화를 나누어야 합니다. 일상생활에서는 그런 대화를 나눌 기회가 생각보다 많지 않습니다. 그래서 좋은 책을 읽고 대화를 나누는 시간을 만드는 것이 좋습니다. 좋은 책을 읽고 그에 대한 생각을 나눈다면 지식과 공부머리를 모두 잡는 일석이조(一石二鳥)의 효과를 거둘 수 있습니다.

둘째, 읽은 내용을 말로 다시 설명하세요. 아이들은 글을 잘못 이해하는 경우가 많습니다. 그래서 글을 읽은 뒤에는 제대로 읽었는지 확인하는 과정이 필요합니다. 방금 읽은 글의 내용을 스스로 설명해 보도록 하는 것입니다. 정확하게 말하지 못하는 경우, 또는 부모가 이해의 정도를 확인하기 어려운 경우도 많을 것입니다. 그래도 계속해야 합니다. 노력의 과정에서 아이는 발전합니다. 그리고 자기의 부족을 깨닫고 어떻게 고쳐야 하는지도 배우게 됩니다.

단순한 공부법

셋째, 핵심을 정리하세요. 읽은 내용을 설명할 때 많은 아이들이 기억나는 부분을 이야기하는 데서 그칩니다. 하지만 공부를 잘하려면 핵심을 찾을 줄 알아야 합니다. 가장 중요한 정보를 찾고 전체를 조직적으로 구성해야 이해도가 높아집니다. 아이에게 이렇게 질문하세요.

"이 글에서 가장 중요한 부분이 무엇인 것 같아?"

그리고 그것이 실제로 가장 중요한 부분인지, 그렇다면 왜 중요한지 함께 이야기 나누어 봅니다. 이 질문을 몇 번만 해도 아이들은 금세 달라집니다. 아무런 관점 없이 이야기하던 아이들이 중요한 것을 찾을 수 있게 됩니다. 공부머리가 좋은 아이들은 2~3번만에, 공부머리가 약한 아이들도 10번이면 바뀝니다.

넷째, 적극적으로 질문하세요. 공부머리에 있어 질문은 매우 중요합니다. 질문을 함으로써 다면적 사고를 하게 되기 때문입니다. 책을 읽은 후 서로 질문하세요. 질문을 듣는 것도, 하는 것도 필요합니다. 이때 질문은 '열린 질문'이 좋습니다. 열린 질문이란 답이 정해져 있지 않아 스스로 생각하게 되는 질문입니다. 〈'왜?'가 만드는 나비효과〉에서 예시를 들었으니 다시 한번 살펴보시기 바랍니다.

다섯째, 토론하세요. 앞서 질문을 나눴다면 토론을 통해 합당한 답을 찾아보세요. 아이와 함께 공감할 수 있고 설득 가능한 답을 찾는 것이 중요합니다. 답을 책이나 인터넷에서 찾아야 한다는 뜻은 아닙니다. 물론 다른 자료를 참고할 수도 있지만, 가장 중요한 것은 아이가 스스로 생각해 보는 것입니다. 그 과정에서 공부머리가 길러지기 때문입니다. 아이가 찾아낸 답이 얼마나 정확한지 바로 알 수는 없지만, 그것이 논리적인지는 생각해 볼 수 있습니다. 아이와 대화하면서 합리적인 면과 합리적이지 않은 면을 계속 생각하세요. 그 과정에서 아이는 비합리적인 사고의 여러 유형에 대해 알게 되고, 점차 합리적인 사고를 할 수 있는 사람으로 자랍니다.

여섯째, 셀프 학습 대화를 하세요. 정말 중요한 것은 자기 내면과 나누는 대화입니다. 언제까지 부모가 학습 대화의 파트너가 되어 줄 수는 없습니다. 대화할 수 있는 시간보다 아이 혼자 있는 시간이 훨씬 많기 때문입니다. 결국에는 혼자 해야 할 때가 옵니다. 교실에서 수업을 들으면서, 방에서 교과서를 읽으면서 셀프 학습 대화를 해야 합니다. 혼자 읽고, 혼자 설명하고, 혼자 질문하고, 혼자 토론해야 합니다. 공부 잘하는 아이들은 늘 셀프 학습 대화를 합니다. 셀프 학습 대화가 된다는 것은 공부머리가 상당하다는 증거입니다. 남의 도움 없이도 제대로 공부할 수 있는 능력이 있다는

단순한 공부법

증거니까요.

처음에는 부모가 셀프 학습 대화를 도와주어야 합니다. 모방 사례가 필요하거든요. 그래서 평소에 학습 대화를 자주, 일상처럼 나누어야 합니다. 부모와의 학습 대화를 통해 어떻게 읽고 설명하는지, 어떻게 질문하고 토론해야 하는지 그 방법을 배우는 겁니다. 이런 가정 내 문화가 아이들 간 격차를 만듭니다.

오늘도 한 줄,
생각이 자란다

○ 학습 쓰기란?

학습 읽기, 학습 대화와 마찬가지로 학습 쓰기 역시 학습을 목적으로 하는 쓰기입니다. 쓰기는 단순한 표현 활동이 아닙니다. 쓰는 동안 머릿속 생각이 정리되고 내가 무엇을 알고 있는지 돌아보게 됩니다. 또한 글을 쓰고 나면 기억에 훨씬 더 오래 남게 됩니다. 이처럼 학습 쓰기는 생각을 드러내고, 정리하고, 다듬는 도구입니다. 눈으로 읽고 말로 다듬은 내용과 생각을 손으로 꾹꾹 눌러 머리에 담아 줍니다.

단순한 공부법

학습 쓰기는 생각의 흔적을 눈앞에 펼쳐 놓는 일입니다. 내가 무엇을 모르는지 드러내고, 어떤 개념이 헷갈리는지 파악할 수 있게 해 줍니다. 또 단순히 복습하는 것보다 쓰면서 정리할 때 이해가 깊어지고, 배운 내용을 내 언어로 표현함으로써 진짜 내 것이 되게 합니다.

○ 학습 쓰기의 효과

학습 쓰기의 첫 번째 효과는 **생각 정리**입니다. 글쓰기는 생각을 정리하는 최고의 도구입니다. 글을 쓰다 보면 복잡하게 얽힌 감정과 생각이 하나둘 정리됩니다. 그래서 심리 치료에 글쓰기가 활용되기도 하죠. 이런 효과는 학습 시에도 유효합니다. 알게 된 내용, 배운 내용을 글로 써 정리하다 보면 머릿속에서 깔끔하게 정리할 수 있습니다.

학습 쓰기의 두 번째 효과는 **셀프 피드백**입니다. 글을 쓰는 과정에서 아이는 자신의 생각을 돌아보게 됩니다. 보통 사람들은 자신의 생각을 자세히 들여다보지 않습니다. 순간 떠오르는 생각을 흘려보낼 뿐이죠. 하지만 글을 쓰면 다 쓴 후 또 한 번 살펴보게 됩니다. 눈에 보이지 않는 생각이 글이라는 형태로 나타났기 때문에 가능한 일입니다. 이를 통해 아이들은 많은 오류를 줄일 수 있게 됩니다.

학습 쓰기의 세 번째 효과는 **기억 강화**입니다. 글을 쓸 때 우리의 눈과 손은 협응합니다. 생각을 흘려보내거나 눈으로만 보는 것보다 이렇게 많은 감각을 이용하면 내용을 더 잘 기억할 수 있습니다. 뇌의 더 많은 영역을 자극하고 사용하기 때문입니다. 목표 지식을 자기 언어화한다는 점도 영향을 끼칩니다.

또한 학습 쓰기는 공부머리의 여덟 가지 요소에 다음과 같은 영향을 미칩니다.

학습 지향성: 글이라는 학습 결과물이 생성되는 모습에서 보람을 느낍니다.

집중력: 글을 쓰기 위해 노력하는 과정에서 집중력이 길러집니다.

작업 기억: 어떤 내용으로 쓸지 생각하는 과정에서 작업 기억을 사용합니다.

독해력: 직접 글을 써 보면서 글의 특징을 이해하고 독해력을 기를 수 있습니다.

공부 기술: 글을 쓰는 과정에서 알고 있는 지식을 출력합니다.

다면적 사고: 알고 있는 것을 표현하기 위해 다양한 방면으로 생각합니다.

자동적 사고: 다면적 사고와 공부 기술을 지속적으로 사용해 자동적 사고가 강화됩니다.

지식 구조: 글을 쓰면서 한 번 더 지식의 연결성이 개선됩니다.

○ 이렇게
   실천하세요

학습 쓰기를 실천하는 방법을 알아보겠습니다.

첫째, 학습 읽기, 학습 대화와 연결하세요. 강의에서 쓰기가 공부머리에 미치는 영향에 대해 말하면 다음과 같은 질문을 꼭 받습니다.

"글쓰기가 좋은 건 알겠는데, 도대체 무엇에 대해 써야 하나요?"

막연히 연필을 들면 무엇을 써야 할지 몰라 결국 글쓰기를 포기하는 경우가 많습니다. 그럴 때 가장 좋은 방법은 읽고 대화한 내용에 대해 쓰는 것입니다. 우리가 각자 가진 콘텐츠에는 한계가 있습니다. 내가 알고 있고, 말하고 싶은 내용은 있지만, 그것이 그리 깊지도 않고 계속 새로운 내용이 나오는 것도 아닙니다.

하지만 읽고 대화한 뒤 그 내용을 쓴다면 어떨까요? 책에는 무한히 많은 주제가 있습니다. 이를 활용한다면 무엇을 써야 할지 몰라 쓰기를 포기하는 경우는 없을 것입니다.

둘째, 요약하거나 생각에 대해 쓰세요. 쓸 수 있는 내용은 둘 중 하나입니다. 하나는 읽은 내용의 요약이거나 글을 읽고 든 나의 생각입니다.

예를 들어 만리장성에 대해 설명하는 글을 읽었습니다. 그렇다면 글에서 나온 만리장성의 특징을 간략히 정리할 수 있습니다. 읽은 후 알게 된 내용을 바탕으로 내 생각을 표현할 수도 있습니다. 생각 쓰기를 한다면 학습 대화에서 나눈 질문과 토론을 참고하도록 합니다.

요약하기와 생각 쓰기는 논리적 글쓰기의 핵심적인 두 가지 방법입니다. 이 두 가지 글쓰기를 연습한다면 논리적 사고력을 비약적으로 성장시킬 수 있습니다.

셋째, 짧고 간략하게 쓰세요. 학습 쓰기는 방대한 글쓰기가 아닙니다. 짧게는 한 문장에서 한 문단, 길어야 한 페이지 내외의 짧은 글

쓰기입니다. 글 쓰는 시간은 5분 이내가 적당하며, 아무리 길어도 10분은 넘지 않는 것이 좋습니다. 글의 양과 글 쓰는 시간이 늘어나면 학습 효과는 오히려 줄어듭니다. 학습 쓰기를 할 때는 대단한 글을 쓰려는 욕심과 기대를 버려야 합니다. 매일 쉽고 간단하게 읽은 내용을 정리한다고 생각하며 부담을 줄여 보세요. 그렇게 꾸준히 쓰다 보면 공부머리가 점차 발달할 것입니다.

넷째, 두괄식으로 쓰세요. 두괄식이란 글의 중심 내용이 초반에 드러나는 방식으로, 비문학에서 자주 사용됩니다. 비문학의 목적은 정보 전달이기 때문에 핵심 내용을 맨 앞에 쓰는 것이 효과적입니다. 그래야 읽는 이가 내용을 예측하며 글을 읽을 수 있습니다. 중심 내용이 뒤로 숨어 버리면 독자는 내용 파악에 상대적으로 어려움을 겪을 수밖에 없습니다.

학습 쓰기 역시 비문학 쓰기입니다. 타인이 아닌 자기 자신에게 정보를 전달한다는 차이가 있을 뿐이죠. 때문에 두괄식으로 가장 중요한 내용을 먼저 씀으로써 글의 중심을 잡는 것이 좋습니다.

다섯째, 자기 언어로 쓰세요. 앞서 지식의 자기 언어화가 왜 중요한지 설명했습니다. 이는 글을 쓸 때도 마찬가지입니다. 나의 언어, 즉 내가 평소에 자주 쓰고, 잘 이해하고 있으며, 내게 와 닿는 어휘와 표현을 사용해야 합니다. 이와 관련해 아이들이 하는 흔한 실수는 책에 적힌 문구를 똑같이 베껴 쓰는 것입니다. 글에서 가장 중요한 핵심 개념은 그대로 옮겨 적어도 괜찮습니다. 핵심 개념을 배우는 것이 중요하니까요. 하지만 이를 설명하기 위해 사용된 어휘와 표현은 최대한 나에게 익숙한 방식으로 바꿔야 합니다. 다음의 예시를 참조하세요.

원문 문장: 온실 효과는 대기 중의 이산화탄소가 지구의 복사 에너지를 흡수하여 지표면 온도를 상승시키는 현상이다.

자기 언어화하지 못한 문장: 온실 효과는 대기 중의 이산화탄소가 지구의 복사 에너지를 흡수하여 지표면 온도를 상승시키는 현상이다.

자기 언어화한 문장: 온실 효과는 공기 중에 이산화탄소가 많아지면서 열이 빠져나가지 못해서 지구가 점점 더워지는 것이다.

여섯째, 형식이 아닌 내용에 집중하세요. 학습 쓰기를 할 때 흔히 하는 실수가 또 있습니다. 바로 글의 내용이 아닌 형식에 집중하는 것입니다. 학습 쓰기는 지식을 배우고 공부머리를 기르는 것이 목적입니다. 이를 위해서는 완전히 내용에 집중해야 합니다. 읽은 글의 중요한 부분을 잘 요약했는지, 논리적으로 부족한 부분은 없는지 등을 살펴봐야 합니다. 이런 면에서 부족한 점이 있다면 이를 주제로 다시 한번 학습 대화를 나누어 보는 것이 공부머리를 성장시키는 데 매우 효과적입니다.

4장.

교과별
공부머리 학습법

10배 성적이 오르는
국어 학습법

학습 내용 그림책 읽고 내용 정리하기

《수호의 하얀 말》은 몽골의 전통 악기 마두금의 기원을 담은 그림책입니다. 오츠카 유우조(大塚 勇三)가 글을 쓰고, 아카바 수에키치(赤羽 末吉)가 그림을 그렸습니다. 총 48쪽으로, 2001년 한림출판사에서 출간되었습니다.

○ 학습 읽기

국어는 학생들의 이해력을 키우는 데 매우 효과적인 과목입니다. 특히 문학 작품을 읽는 과정에서 이야기의 흐름과 맥락을 파악하는 능력을 자연스럽게 기를 수 있습니다. 작품 속에서 명확하게 설명되지 않은 부분을 추론하는 힘을 기를 수 있으며, 이는 논리적 사고력과 문제 해결 능력 향상에도 도움을 줍니다. 또한 등장인물의 감정을 이해하고 공감하는 과정에서 타인의 감정을 읽는 감수성이 발달하며, 이는 사회적 관계를 형성하는 데 중요한 요소가 됩니다. 더 나아가 언어 속에 숨겨진 심층적인 의미를 해석하는 능력이 향상되어 글을 읽고 깊이 있는 통찰을 하는 힘을 기르게 됩니다. 이처럼 국어 학습은 단순히 문장을 읽고 이해하는 것을 넘어, 사고력, 공감 능력, 그리고 비판적 사고를 종합적으로 키워 주는 중요한 역할을 합니다.

그림책을 읽을 때는 가능하면 소리 내어 읽는 것이 좋습니다. 소리 내어 읽기는 아이들의 공부머리를 키우는 데 중요한 역할을 합니다. 글을 소리로 표현하면 시각, 청각, 언어 감각을 동시에 자극하여 이해력과 기억력이 높아집니다. 또한 문장의 구조와 흐름을 자연스럽게 익히면서 논리적 사고력이 향상되고 어휘력이 풍부해져 표현력과 문제 해결 능력도 함께 발달합니다.

이런 과정은 모든 과목의 학습 능력과 직결되며, 국어뿐 아니라 수학의 문제 이해력, 사회·과학의 개념 정리 능력까지 자라는 효과가 있습니다. 따라서 부모가 아이와 함께 소리 내어 책 읽는 습관을 들이면 학습 전반에 긍정적인 영향을 미칩니다.

○ 학습 대화

공부머리를 키우기 위해서는 대화를 하는 것이 중요합니다. 우선 내용을 파악하고 정리하도록 합니다. **내용 요약**은 이야기를 다 읽은 후에 하는 것이 일반적입니다. 하지만 독서 경험이 많지 않거나 이해를 어려워한다면 중간중간 잘 따라오고 있는지 체크하는 것을 추천합니다.

내용을 요약할 때는 육하원칙에 따라 정리하는 것이 좋습니다. 다음은《수호의 하얀 말》을 육하원칙에 따라 정리한 것입니다.

누가	수호, 원님
언제	먼 옛날
어디서	몽골의 넓은 초원

무엇을	어떻게	왜
하얀 말을	얻음	쓰러져 있어서
시합에서	1등을 함	하얀 말이 잘 달려서
하얀 말을	빼앗김	원님이 욕심내서
원님이	말에서 떨어짐	히얀 말이 펄쩍 뛰어올라서
하얀 말이	죽음	화살에 맞아서
하얀 말을	악기로 만듦	꿈을 꾸어서

위와 같이 정리할 때 아이에게 "하얀 말은 왜 죽었을까?"와 같은 질문을 해 보세요. 아이는 이에 답하기 위해 독해력과 작업 기억을 사용하게 됩니다.

책의 내용을 표로 정리한다면 이는 공부 기술 중 시각화를 사용한 것입니다. 이를 몇 차례 반복하면 이야기를 육하원칙에 따라 정리하는 것이 자동화됩니다. 자동적 사고가 자리 잡으면 그 후로는 독서 후 아이 스스로 책의 내용을 정리하게 됩니다.

처음에는 아이가 '무엇을'과 '어떻게'를 쉽게 구분하지 못할 수 있습니다. 그러니 처음에는 이 둘을 묶어서 정리하더라도 점차 둘을 구분하는 방법을 알려 주고 이에 익숙해지도록 도와주세요.

내용 파악이 끝났다면 다면적 사고를 자극해야 합니다. 이를 위해서는 질문을 활용하는 것이 중요합니다. 다음 세 가지 관점의 질문으로 다면적 사고를 자극해 주세요.

원인과 결과

- **원인**

  수호가 하얀 말을 뺏긴 이유는 무엇일까?

  하얀 말이 죽은 이유는 무엇일까?

- **결과**

  수호가 시합에서 1등을 하자 어떤 일이 생겼더라?

  수호가 말을 팔지 않겠다고 하자 어떤 일이 생겼더라?

구체와 추상

- **구체**

  수호는 말을 잃고 어떤 감정을 느꼈을까?

  마두금은 어떻게 생겼을까?

- **추상**

  원님은 어떤 성격이라고 할 수 있을까?

  이 이야기가 우리에게 전하려는 메시지는 무엇일까?

비교와 대조

- **비교**

  수호와 하얀 말은 어떤 점에서 닮았을까?

  수호와 나는 무엇이 닮았을까?

- **대조**

  수호와 원님의 성격은 어떻게 다를까?

  수호와 원님이 말을 대하는 방식은 어떻게 다를까?

이러한 질문은 이야기를 더욱 입체적으로 바라보도록 합니다. 질문을 던지고 아이와 함께 토론을 해 보세요. 이렇게 나눈 질문과 대화는 학습 쓰기에서 다시 사용됩니다.

○ 학습 쓰기

학습 읽기와 학습 대화를 통해 정리한 내용을 글로 써 봅니다. 글은 크게 두 종류로 쓸 수 있습니다. 하나는 육하원칙을 중심으로 정리한 내용을 요약하는 글입니다. 또 하나는 토론에서 나눈 이야기를 바탕으로 자신의 생각을 정리하는 것입니다. 다음은 아이의 생각을 정리한 글입니다.

Q. 수호와 원님이 말을 대하는 방식은 어떻게 다른가요?

수호와 원님은 성격과 행동에서 큰 차이를 보입니다. 수호는 하얀 말을 진심으로 아끼고 사랑하는 착한 소년입니다. 반면 원님은 남의 것을 빼앗으려는 욕심 많은 사람입니다. 수호는 하얀 말을 친구처럼 돌보았고, 말이 죽었을 때 크게 슬퍼했습니다. 반면 원님은 하얀 말을 갖고 싶었을 뿐입니다. 도망가는 말을 죽이라고 할 정도로 자기밖에 모르는 이기적인 사람이었습니다. 저는 수호처럼 생명을 소중히 여기고 남을 배려하는 사람이 되고 싶습니다.

이런 수준 높은 글이 아이 머릿속에서 '갑자기' 나오지는 않습니다. 읽고 질문하고 토론을 꾸준히 반복해야지만 이런 글이 나올 수 있습니다.

10배 성적이 오르는
수학 학습법

여러 도형 사이의 관계 이해하기

초등학교 수학 과정에는 점, 선, 면, 입체의 관계를 탐구하는 도형 영역이 있습니다. 도형 영역에서는 삼각형, 사각형 등의 평면 도형은 물론 정육면체, 원기둥 등의 입체 도형에 대해서도 배웁니다. 학생들은 이를 통해 공간 감각을 발달시키고 다양한 문제 해결 능력을 기를 수 있습니다.

안타까운 것은 아이들이 도형 영역을 매우 피상적으로 공부하고 있다는 겁니다. 도형의 기본 개념을 혼동할 정도이니 깊이 있는 이해는 바랄 수도 없습니다. 그러다 보니 도형 간의 관계 역시 전혀 알지 못하고 있습니다.

이 문제는 비단 도형 영역에만 영향을 끼치는 것이 아닙니다. 도형 영역은 수학의 다른 영역과도 연결되어 있습니다. 당장 초등에서는 넓이, 둘레, 부피 등을 구하는 측정 영역과 연관되어 있습니다. 또한 도형 영역은 이후 배우게 될 기하학의 기초가 됩니다. 때문에 여러 도형 사이의 관계를 깊이 이해할 수 있는 활동을 준비했습니다.

○ 학습 읽기

1단계. 알고 있는 도형의 이름을 메모지에 쓰기

알고 있는 도형의 이름을 떠올려 봅니다. 부모와 아이가 돌아가며 하나씩 말하면 더욱 좋습니다. 생각난 도형의 이름은 메모지에 씁니다. 한 장의 메모지에는 하나의 도형만 씁니다. 되도록 초등학교에서 배운 도형의 이름을 모두 쓰도록 합니다. 교과서나 문제집을 참고해도 좋습니다. 이 활동은 공부 기술 중 '출력하기'에 해당합니다. 지금부터 이 메모지를 '도형 카드'라고 부르겠습니다.

2단계. 도형 이름 옆에 그림 그리기

도형 카드에 알맞는 그림을 그립니다. 이 활동은 공부 기술 중 '시각화'에 해당합니다.

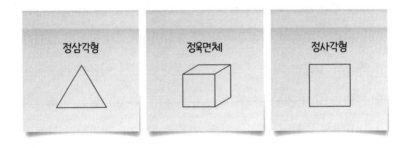

3단계. 각 도형의 정의를 써 보기

도형 카드를 보면서 각 도형의 정의를 생각해 봅니다. 정의가 떠오르면 메모지 아래에 적어 봅니다. 잘 떠오르지 않으면 교과서나

단순한 공부법

문제집을 참고합니다. 이 활동은 공부 기술 중 '독해력'에 해당합니다. 다만 교과서에 적힌 말을 그대로 옮겨 적는 것이 아니라 그것을 나의 언어로 바꾸어 쓰도록 합니다.

○ 학습 대화

4단계. 도형 사이의 관계에 따라 도형 카드 배치하기

도형 사이의 관계에 따라 도형 카드를 배치합니다. A가 B에 속하는 경우 B를 위에 놓고 A를 아래에 놓습니다. 예를 들어 이등변삼각형은 삼각형의 한 종류이므로 삼각형을 위에 놓고 이등변삼각형은 그 아래에 놓습니다. 이는 다면적 사고 중 '구체와 추상'에 해당합니다.

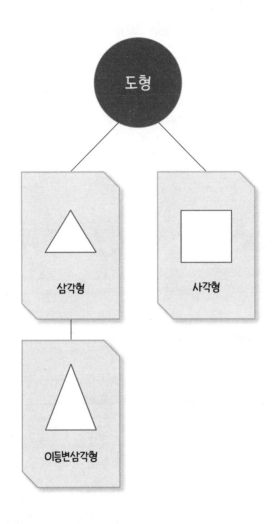

단순한 공부법

두 도형이 서로 대등한 경우도 있습니다. 이 경우에는 도형 카드를 좌우로 놓습니다. 예를 들어 삼각형과 사각형은 대등합니다. 이 경우는 삼각형과 사각형을 위아래가 아닌 좌우로 배치합니다. 이는 다면적 사고 중 '비교와 대조'에 해당합니다.

도형을 관계에 따라 배치하다 보면 전 단계에서 미처 적지 못한 개념이 떠오르기도 합니다. 그럴 때는 언제든지 새로운 메모지에 적어 새로 배치해도 좋습니다. 이 활동은 작업 기억과 다면적 사고를 촉진합니다.

5단계. 위계도를 점검하고 수정하기

도형의 관계에 따라 정리한 것을 '도형 위계도'라고 합니다. 완성한 위계도를 다시 한번 꼼꼼히 살펴보며 빠진 것은 없는지, 잘못 배치한 것은 없는지 생각해 봅니다. 이 활동은 작업 기억을 사용하게 합니다.

○ 학습 쓰기

6단계. 위계도 학습하기

다음 단계에서는 위계도를 노트에 정리할 예정입니다. 정리할 때는 위계도를 참고할 수 없습니다. 따라서 이번 단계에서 도형 카드 위계도를 보지 않고도 그릴 수 있도록 학습합니다. 다만 기억이 안 나면 참고해야 할 수도 있으니 위계도를 해체하지 말고 볼 수 없도록 덮어 두기만 합니다.

중요한 것은 도형의 관계를 이해하는 것입니다. 그저 도형의 순서를 외우려고 해서는 안 됩니다. 사각형 아래에 어떤 사각형이 어떤 순서로 '왜' 놓여 있는지 알아야 합니다. 순서를 외우는 것이 아니라 그렇게 놓인 이유를 알고 이해하는 것입니다. 이 활동은 작업 기억을 이용해 지식 구조의 연결성을 높이는 작업입니다.

7단계. 위계도 그리기

지금까지 학습한 도형 위계도를 노트에 그려 봅니다. 이때 앞서 만든 도형 카드 위계도는 볼 수 없습니다. 도형 카드를 떠올리려고 하지 말고 도형의 관계를 생각해야 합니다.

위계도를 그릴 때는 최대한 자신의 힘으로 그리고, 기억보다는 생각으로 그리는 것이 중요합니다. 하지만 도무지 기억 나지 않을 때는 잠시 참고해도 좋습니다. 다만 보고 베껴서는 안 됩니다. 도형 카드 위계도를 1분 정도 관찰하는 시간을 가집니다. 그리고 덮어 볼 수 없게 한 뒤 스스로 위계도를 그립니다.

이렇게 하는 이유는 지식 구조의 연결성을 높이기 위해서입니다. 아이들이 도형 카드 위계도를 보고 외우거나 베끼면 뇌 속의 지식 구조는 변하지 않고 위계도 자체를 새로운 기억으로 저장하기 쉽습니다. 그러면 연결성이 낮을 수밖에 없습니다. 지식 사이의 연결 관계를 스스로 생각해야 지식 구조의 연결성이 높아집니다.

○ 위계도 그리기

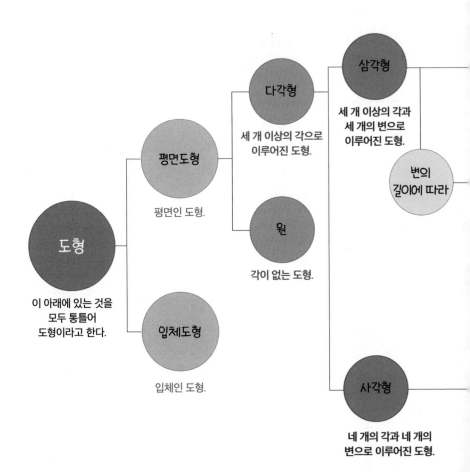

도형

이 아래에 있는 것을
모두 통틀어
도형이라고 한다.

평면도형

평면인 도형.

입체도형

입체인 도형.

다각형

세 개 이상의 각으로
이루어진 도형.

원

각이 없는 도형.

삼각형

세 개 이상의 각과
세 개의 변으로
이루어진 도형.

**변의
길이에 따라**

사각형

네 개의 각과 네 개의
변으로 이루어진 도형.

단순한 공부법

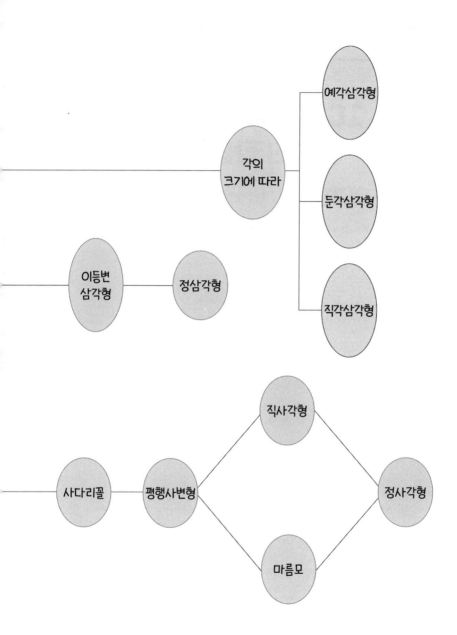

10배 성적이 오르는 사회 학습법

학습 내용 세계 여러 지역의 자연과 문화

과목을 불문하고 반드시 외워야 하는 것이 조금씩 있습니다. 국어에서는 낱말의 뜻, 띄어쓰기, 맞춤법을, 영어에서는 단어의 스펠링과 자주 사용하는 숙어 등을 외워야 합니다. 수학에서는 수학적 개념과 공식을 외워야 합니다. 그중에서도 특히 외워야 할 지식이 많은 과목이 있으니, 바로 사회입니다.

사회 과목에서는 산맥과 평야, 다양한 나라의 이름을 알아야 합니다. 또한 역사적 인물, 역사적 사건이 일어난 연도와 각종 제도 역시 알고 있어야 하죠. 국어와 영어가 글의 이해를, 수학이 문제 해결을 위해 지식을 외우는 것과 달리 사회는 지식을 아는 것 자체가 중요한 과목입니다. 그러다 보니 아이들 역시 사회를 외울 것이 무척 많고 힘든 과목으로 생각하고 있습니다. 아이들이 사회를 어렵게 느끼고 싫어하는 이유가 여기에 있습니다.

이런 문제를 해결하기 위해서는 지식을 서로 연결하는 것이 중요합니다. 개별적인 지식을 따로 외우도록 해서는 안 됩니다. **관련된 지식을 모두 묶어 관련성을 토대로 학습해야 합니다.** 지식을 관련성으로 묶어 학습하면 장점이 있습니다. 원인과 결과, 비교와 대조, 구체와 추상 등을 지식을 기준으로 묶으면 외울 것의 양이 크게 줄어듭니다. 상호 관련성에 의해 한눈에 이해되고 저장되기 때문입니다.

초등 6학년 사회 과목 중 '세계 여러 지역의 자연과 문화'는 외울 것이 무척이나 많은 단원입니다. 아시아, 유럽, 북아메리카, 남아메리카, 아프리카, 오세아니아 6대륙을 배워야 합니다. 그리고 6대륙의 개별적인 특징 또한 외워야 하죠. 한 대륙의 특징을 10개씩만 배워도 외워야 할 지식이 60개나 됩니다. 이렇게 많은 지식을 연결성 없이 개별적으로 학습하면 나중에는 몇 가지밖에 기억나지 않을 것입니다. 때문에 처음부터 지식의 구조를 탄탄하게 쌓아야 합니다.

○ 학습 대화

　앞서 말했듯 일반적으로 공부는 학습 읽기 → 학습 대화 → 학습 쓰기의 순으로 진행합니다. 하지만 때로는 그 순서를 섞어도 좋습니다. 예를 들어 읽기 전에 생각해 볼 내용이 있으면 학습 대화를 먼저 진행하기도 합니다. 학습 대화를 통해 문제에 대해 생각해 보도록 한 후 책을 읽는 것이죠.

　이번 수업에서도 학습 대화를 우선시했습니다. 책을 읽기 전에 관련된 내용을 쉽게 기억할 수 있도록 지식 구조를 만들어 두기 위해서였습니다.

　교과서에서는 6개의 대륙이 한 차시씩 차례대로 제시되어 있습니다. 하지만 저는 이를 차례대로 하나하나 가르치지 않았습니다. 그보다는 6대륙을 구분할 수 있는 기준을 먼저 생각해 보았습니다. 그리고 아이들과 함께 지구본을 보면서 질문했습니다.

　"지구에는 총 6개의 커다란 땅덩어리가 있어. 그리고 이것을 '대륙'이라고 하지. 지구본에서 6개의 대륙을 찾아보자."

　아이들은 지구본을 이리저리 돌려보며 대륙을 찾습니다. 그 과정에서 대륙과 국가를 착각하는 경우가 발생합니다.

"선생님, 프랑스는 대륙인가요?"

"아니, 프랑스는 국가야. 대륙은 몇몇 국가를 포함하는 더 큰 땅덩어리야. 프랑스와 그 이웃 나라들을 포함하는 땅의 명칭을 찾아봐."

아이들은 국가의 이름보다 조금 더 크게 쓰여 있는 '유럽'이라는 글자를 스스로 발견합니다. 이제 아이들에게 유럽 이외에도 5개의 대륙이 더 있다고 알려 줍니다. 첫 번째 대륙 이름을 발견하자 나머지 대륙은 금세 찾을 수 있었습니다.

"6대륙을 크게 두 가지로 구분한다면 어떤 기준으로 나누면 좋을까?"

저는 아이들이 6대륙을 무작정 외우기보다 자신의 기준에 따라 이해하기를 바랐습니다. 그래서 자신만의 분류 기준을 찾는 시간을 주었습니다. 이는 구체와 추상 중 추상화 작업입니다. 6대륙의 특징을 생각해 보고 그 특징의 공통점을 찾아내기 때문입니다.

아이들은 기준에 대한 생각을 자유롭게 나누었습니다. 그러던 중 지구를 반으로 갈랐을 때 위와 아래로 나눌 수 있다는 의견이 나왔습니다. 저는 이 의견에 더해 '북반구와 남반구'라는 개념을 설명했습니다. 그렇게 아이들은 북반구에 속한 3개의 대륙과 남반구에 속한 3개의 대륙을 찾을 수 있었습니다.

○ 학습 읽기

북반구와 남반구에는 서로 다른 고유한 특징이 있습니다. 북반구와 남반구처럼 추상화된 단계의 개념은 그 특징을 알아 두는 것이 중요합니다. 개념이 추상적이면 쉽게 이해하고 받아들일 수 없기 때문입니다.

"북반구와 남반구에는 고유한 특징이 있는데, 교과서에 이 특징이 각각 한 문장씩 정리되어 있어. 이 문장들을 찾아서 형광펜으로 표시해 보자."

그렇게 아이들은 교과서를 다 읽기 전에 우선 원하는 정보를 찾

있습니다. 교과서를 앞에서부터 차례대로 다 읽으면 큰 정보와 작은 정보가 뒤섞이게 됩니다. 이를 방지하기 위해서는 추상적인 상위 개념에 대한 설명부터 찾아 읽어 보는 방법이 좋습니다.

아이들은 곧 두 문장을 찾아냈습니다. '육지가 넓고 인구가 많은 북반구'와 '바다가 넓고 자원이 풍부한 남반구'였습니다. 저는 아이들에게 실제로 그런지 지구본을 다시 한번 살펴보라고 말했습니다.

아이들은 북반구와 남반구의 육지와 바다 비율을 살펴보았습니다. 그리고 실제로 북반구에는 육지가 많고, 남반구에는 바다가 많다는 사실을 확인했습니다. 이는 시각화 작업에 속합니다. 내용을 읽고 '아 그렇구나.' 하고 마냥 넘어가지 않고, 직접 눈으로 확인하도록 하는 것입니다. 직접 살펴본 정보는 아이들의 뇌에 언어와 이미지, 두 가지 형태로 저장됩니다.

다음으로 6대륙의 위치를 배워 보았습니다. 6대륙을 떠올렸을 때 각각의 위치가 함께 연상되면 기억이 더욱 공고해지기 때문입니다. 이를 학습할 때는 기준을 이용하는 것이 좋습니다. 저는 아이들에게 우리가 살고 있는 대륙, 아시아를 기준으로 동서남북을 살펴보는 것이 어떻냐고 조언했습니다.

아이들은 아시아를 기준으로 동쪽에는 아메리카, 서쪽에는 유럽, 남쪽에는 오세아니아가 있다는 사실을 이해했습니다. 그리고 이름을 보면 알 수 있듯 남아메리카는 아메리카의 남쪽에, 북아메리카는 아메리카의 북쪽에 위치한다고 이해했습니다. 아프리카는 유럽의 남쪽에 위치한다고 이해했습니다. '우리가 사는 대륙인 아시아'라는 기준이 생기는 순간 동서남북으로 대륙의 위치를 쉽게 이해할 수 있었습니다.

ㅇ **학습 쓰기**

위 활동 과정을 통해 아이들은 세계의 여러 나라를 지구라는 조금 더 구조적인 관점으로 바라볼 수 있게 됩니다. '어떤 나라는 어디쯤 있는 것 같다.'라는 막연한 지식에서 크게 발전한 셈이죠. 이렇게 탄탄한 지식 구조가 형성된 뒤, 개별 지식을 하나씩 투입하면 됩니다. 이는 마치 도서관에 책장을 짜고, 일련번호를 붙인 후, 책을 하나하나 꽂는 것과 같습니다. 전체적인 구조를 이해하고 지식을 제 위치에 저장하면 기억하기도 좋고 쉽게 잊히지도 않습니다.

여기서 제가 아이들에게 바란 것이 한 가지 더 있었습니다. 바로 머릿속의 지식 구조를 종이 위에 자유롭게 펼쳐 보는 것, 마인드맵을 통해 내용을 정리하는 것입니다. 이 활동을 통해 아이들은 자신의 머릿속을 들여다보고 더 논리적으로 정리할 수 있게 됩니다.

함께 마인드맵을 그려 봅시다. 우선 한가운데에 '세계 여러 지역의 자연과 문화'라고 씁니다. 그리고 위에는 '육지가 넓고 인구가 많은 북반구', 아래에는 '바다가 넓고 자원이 풍부한 남반구'라는 설명도 더합니다. 이제 기본적인 지식의 구조는 완성되었습니다.

다음 시간부터 6대륙을 차례대로 하나씩 배웁니다. 매일매일 배운 내용을 마인드맵에 추가합니다. 그렇게 6일간 배우면 커다란 마인드맵이 완성됩니다. 마인드맵은 단순히 보기 좋은 학습 결과물이 아닙니다. 아이들의 머릿속 지식 구조의 상징입니다.

이렇게 톱-다운(Top-down) 방식으로 바라보지 않았다면 아이들은 각 대륙의 특징을 하나하나 외우다 지쳤을 것입니다. 지식 간에 어떤 관련성이 있고, 서로 어떻게 연결되는지 모르기 때문입니다. 하지만 마인드맵을 그리며 톱-다운 방식으로 학습함으로써 아이들은 전체적인 구조를 알 수 있게 되었습니다. 그에 속하는 개별 지식도 익히게 되었고요.

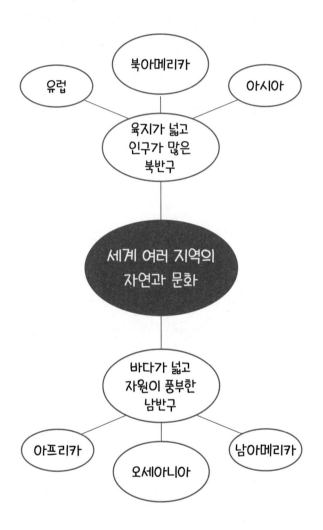

아이들이 자라 중고등학교에 가면 지리, 세계사 시간에 이와 관련해 더 많은 것을 배울 것입니다. 이때 지식 구조의 연결성을 풍부하게 만들어 둔 아이와 그렇지 않은 아이 사이에는 큰 격차가 벌어질 것입니다. 이것이 다면적 사고를 통해 지식의 구조를 풍성하게 연결해야 하는 이유입니다.

10배 성적이 오르는
과학 학습법

학습 내용 화강암과 현무암의 특징

과학을 공부할 때 사용할 수 있는 인지 능력은 크게 세 가지입니다. 첫째는 과학적 개념, 용어, 원리 등을 암기하는 **기억력**입니다. 둘째는 개념을 비교 분석하여 패턴을 인식하는 **이해력**입니다. 셋째는 과학적 원리를 탐구하는 **사고력**입니다. 이 중 공부머리를 기르기 위해서는 이해력과 사고력을 먼저 이용해야 자동적 사고가 발달하고 지식 구조의 연결성이 높아집니다.

현실적으로는 기억력을 이용한 공부가 많이 사용되고 있습니다. 아이들이 이해력과 사고력을 이용하는 공부 방법을 모르기 때문입니다. 아이들이 이해력과 사고력을 사용하지 못하는 이유는 아

단순한 공부법

무도 가르쳐 준 적이 없어서입니다. 선생님과 부모님 모두 어른의 입장에서 가르쳐 줄 뿐, 학생 입장에서 어떻게 배워야 하는지 가르치지 않습니다. '물고기를 잡아 주지 말고 물고기 잡는 법을 가르쳐 주어라.'라는 이야기처럼 이해력과 사고력을 이용해 공부하는 방법부터 가르쳐야 합니다. 아이와 교과서를 놓고 다음과 같이 함께 공부해 보세요.

○ 학습 읽기

이번에 예시로 들어 볼 주제인 화강암과 현무암은 초등 과학 과목 중 '지구와 우주' 영역에서 배우는 개념입니다.

교과서 한 차시에 배우는 분량은 매우 적습니다. 한 차시당 두 페이지에 불과하죠. 한 페이지에 많은 글이 있는 것도 아닙니다. 교과서는 핵심적인 내용만 담고 있습니다. 이는 모두 공부머리가 없는 아이들을 위한 배려입니다만, 이런 글조차 제대로 이해하지 못하는 아이들이 무척 많습니다. 그 이유는 무엇일까요? 스스로 읽고 이해할 기회가 별로 없기 때문입니다.

수업에서 아이들이 교과서를 읽는 경우는 거의 없습니다. 선생님이 말로 설명해 주지요. 가만히 있어도 알아서 설명해 주기 때문에 스스로 읽으려고 노력하지 않는 것입니다. 저학년부터 이렇게 공부하는 것이 습관이 되다 보니 스스로 읽고 이해하는 능력이 자라지 않습니다.

공부머리를 기르기 위해서는 부족하고 힘들더라도 독해력을 이용해 스스로 읽어야 합니다. 우선 소리 내어 읽고, 필요한 공부 기술을 이용합니다. 그런 뒤 핵심 개념을 찾아 표시하고 집중합니다.

○ 학습 대화

학습 대화를 위해서는 먼저 핵심 개념을 중심으로 내용을 정리합니다. 그리고 읽은 내용을 나의 말로 설명합니다. 나의 말로 설명할 때는 교과서에 적힌 말을 그대로 활용하면 안 됩니다. 어려운 텍스트를 나만의 언어로 바꾸는 과정에서 지식을 소화해 **이해**할 수 있습니다. 다음처럼 교과서의 언어를 나의 언어로 바꾸도록 합니다.

'마그마의 활동으로 만들어진 암석을 화성암이라고 합니다.'
→ "화산 안에 붉은 액체가 있잖아. 그게 굳으면 돌이 돼. 그걸

화성암이라고 해."

교과서 내용을 이해했다면 이제 좀 더 깊이 학습하는 단계입니다.

우선 화강암과 현무암을 실제로 **관찰**합니다. 이는 텍스트와 실제 암석의 이미지를 연결 지어 이해하는 시각화 과정입니다. 실제 암석 샘플이 없다면 이미지로 대체하거나 생략할 수도 있습니다. 하지만 실물을 관찰할 수 있다면 지식 구조가 더욱 풍성하게 연결됩니다.

관찰하면서 확인한 내용은 다음과 같이 말로 표현합니다.

"교과서에서 현무암의 색깔이 어둡다고 묘사했는데 정말 그렇네. 화강암은 흰색과 검은색이 섞여 있는데 현무암은 짙은 회색에 가까워."

언어로 이해한 것은 언어화하고, 눈으로 확인한 것은 다시 시각화합니다. 이렇게 하면 하나의 정보가 두 가지 방식으로 연결된 채 저장되기 때문에 기억이 더욱 단단해집니다.

지금까지는 교과서의 내용을 이해하는 과정이었습니다. 즉, 주로 이해력을 사용하는 활동이었습니다. 이제는 사고력을 활용할 차례입니다. 원인과 결과, 비교와 대조, 구체와 추상이라는 관점에서 **질문**하고 대화하면서 다면적 사고를 자극합니다.

원인과 결과

화강암의 알갱이가 큰 이유는 무엇일까?

현무암에 구멍이 뚫려 있는 이유는 무엇일까?

비교와 대조

화강암과 현무암의 공통점은 무엇일까?

화강암과 현무암의 차이점은 무엇일까?

구체와 추상

화성암, 화강암, 현무암 중 가장 상위 개념은 무엇일까?

화성암에는 어떤 종류가 있을까?

○ 학습 쓰기

　지금까지 학습한 내용을 글로 정리합니다. 오늘 학습한 내용인 화성암, 화강암, 현무암은 서로 밀접하게 관련되어 있으므로 이것을 시각적으로 표현할 수 있는 '그래픽 조직자'를 사용하면 좋습니다. 이렇게 작성한 그래픽 조직자는 그대로 아이의 지식 구조에 저장될 수 있습니다.

　초등학생이 교과서를 읽고 한 번에 그래픽 조직자를 작성하기란 어렵습니다. 하지만 학습 읽기, 학습 대화를 통해 내용을 파악하고 관계를 정리한다면 점차 가능해집니다. 굳이 기계적으로 암기하지 않아도 많은 부분을 기억할 수 있습니다.

　다음은 그래픽 조직자의 예시입니다.

화성암 화산 활동으로 만들어진 암석		
화강암	특징	현무암
땅속 깊은 곳	생성 위치	지표 가까이
밝음	색깔	어두움
큼	알갱이	작음

아주 단단함	특징	구멍이 있음
땅속 깊은 곳에서 천천히 식으면서 굳어서 발생함	원인	지표면에서 빠르게 식을 때 기포가 나와서 발생함

10배 성적이 오르는 학습 Q&A

Q1. 왜 단순한 공부법을 실천해야 하나요?

단순한 공부법을 실천해야 하는 이유는 바로 '공부머리를 기르기 위해서'입니다.

아이들은 학교나 학원에서 강의를 듣고 외우는 공부만 반복하는 경우가 많습니다. 이 방식은 쉽고 편하지만, 스스로 생각하는 과정이 부족해 공부머리 발달에 도움이 되지 않습니다. 또 처음에는 암기와 반복만으로도 어느 정도 성적이 나올 수 있지만, 학년이 올라가고 교과 내용이 복잡해질수록 스스로 이해하고 응용하는 능력이 필요해집니다.

이런 문제를 해결하려면 책을 읽고, 말로 풀어 보고, 글로 정리하는 활동이 꼭 필요합니다. 이 세 가지 활동이 반복되면 아이의 사고는 깊어지고 넓어지며 자연스럽게 공부머리도 자랍니다. 공부머리가 자라면 중고등학교에 진학해 더 복잡하고 어려운 내용을 배워도 스스로 이해할 수 있게 됩니다.

이 책이 전하고자 하는 메시지를 단순하게 정리하자면 이렇습니다.

공부를 잘하려면 초등 시기에 공부머리를 길러야 합니다.
공부머리를 기르려면 스스로 생각하는 공부가 필요합니다.
그러기 위해서는 읽고 쓰고 말하는 과정이 반드시 필요합니다.

공부머리는 저절로 자라지 않습니다. 어릴 때부터 생각하는 훈련을 반복해야 자라납니다. 읽고 쓰고 말하는 단순한 공부법은 그 훈련의 가장 효과적인 출발점입니다.

Q2. 학습 지향성이 부족하면 어떤 문제가 생기나요?

공부에 흥미가 없는 아이들은 학습 지향성이 낮을 가능성이 큽니다. 공부가 늘 어렵고 재미없었겠지요. 그러니 성적이 잘 나오지

단순한 공부법

않을 가능성도 커지고, 억지로 공부해도 성적이 오르지 않으니 공부가 더 재미없어지는 악순환이 반복됩니다.

공부를 하다 보면 멍해지거나 시간이 멈춘 듯 지루하게 느껴지는 아이들이 있습니다. 이는 집중력과 작업 기억이 충분히 발달하지 않았기 때문입니다. 이런 아이들은 눈앞의 정보를 오래 붙잡아 두고, 그것을 논리적으로 연결하거나 처리하는 능력이 부족한 경우가 많습니다. 따라서 단기간에 외우는 공부보다는 정보를 기억하고 조작하는 뇌의 힘을 키우는 훈련이 꼭 필요합니다.

문제를 읽어도 무슨 말인지 모르는 아이들은 대개 독해력과 공부 기술이 부족한 경우가 많습니다. 문장을 읽기는 했지만, 그 의미를 제대로 해석하거나 문제의 핵심을 파악하지 못하는 것이지요. 이런 아이들에게는 단순히 문제를 많이 풀게 하기보다는, 질문 속에 담긴 의도와 구조를 파악하는 훈련이 먼저 필요합니다. 핵심어를 찾고, 질문이 요구하는 조건을 분석하며, 내용을 논리적으로 재구성하는 연습이 반복되어야 실질적인 이해력이 자라납니다.

읽기나 계산이 느린 이유는 자동적 사고가 부족한 것입니다. 공부에 필요한 기본 기능, 예를 들어 글자 읽기, 단어 인식, 사칙연산과 같은 기초적인 기능은 반복과 훈련을 통해 자동화되어야 합니다. 이런 자동화가 이루어져야 학습에 필요한 사고 에너지를 더 복잡한 문제 해결이나 사고 확장에 사용할 수 있게 됩니다.

배운 내용을 적용하지 못한다면 지식 구조가 빈약하기 때문입니다. 공부는 단순히 정보를 외우는 것이 아니라 그 정보를 이미 알고 있는 개념들과 연결해 의미를 구성하는 과정입니다. 따라서 공부할 때는 항상 지금 배우는 내용이 이전에 배운 개념과 어떻게 이어지는지, 어떤 맥락에서 활용될 수 있는지를 함께 떠올리며 학습하는 연습이 꼭 필요합니다.

Q3. 이미 아이가 고학년이에요. 공부머리를 키우기에는 늦지 않았을까요?

절대 늦지 않았습니다. 공부머리는 나이에 상관없이 평생 자라는 후천적 능력입니다. 중요한 것은 지금부터라도 생각하며 공부하는 습관을 갖추는 것입니다.

많은 아이들이 고학년이 되면 열심히 공부해도 성과가 잘 나오지 않는다고 느낍니다. 그 이유는 공부머리를 기르지 않은 채 암기나 문제 풀이 위주의 공부만 해 왔기 때문입니다.

공부를 잘하려면 반드시 공부머리를 먼저 길러야 합니다. 읽고, 말하고, 쓰면서 스스로 생각하는 훈련 없이는 학년이 올라갈수록 점점 더 힘들어질 수밖에 없습니다. 지금부터라도 공부머리를 기르는 공부를 시작한다면, 절대 늦지 않았습니다.

Q4. 영어에도 단순한 공부법을 적용하나요?

단순한 공부법은 국어를 비롯해 수학, 사회, 과학 등 대부분의 교과에 적용할 수 있습니다. 하지만 영어만큼은 예외입니다. 그 이유는 아이들의 영어 숙달 수준과 깊이 관련되어 있습니다.

초등학생의 영어 실력은 매우 기초적인 수준에 머물러 있는 경우가 많습니다. 기본 단어조차 정확히 모르고, 간단한 문장을 해석하는 데도 어려움을 겪습니다. 때문에 단어의 뜻을 파악하고 문장을 해석하는 데 대부분의 인지 자원을 소모하게 됩니다. 이런 상황에서 내용을 깊이 있게 사고하는 것은 사실상 불가능합니다.

초등 영어는 학문적인 사고 도구가 아니라 습득의 대상이라는 점을 이해해야 합니다. 초등 영어 학습에서는 깊은 사고보다 다양한 상황에서의 노출과 반복 활용이 훨씬 더 효과적입니다. 고차원적 사고보다는 일반적인 상황에서 듣고, 말하고, 읽고, 쓰는 경험이 먼저입니다.

Q5. 아이가 스스로 생각하지 않으려고 해요. 어떻게 하면 스스로 생각하고 공부하도록 유도할 수 있을까요?

아이들이 생각하지 않는 이유는 생각하지 않아도 되는 환경에 익숙해졌기 때문입니다. 학교나 학원에서는 선생님이 설명해 주고, 문제를 틀리면 해설지를 보면 되니 굳이 스스로 생각할 필요도, 기회도 없었던 거죠.

그런데 학습이란 본질적으로 생각하는 과정입니다. 정보를 단순히 외우는 것이 아니라, 이해하고 연결하고 적용하는 사고가 필요하죠.

아이가 스스로 생각하지 않는다면, 생각하게 만드는 환경과 질문이 필요합니다. 예를 들어 문제를 풀고 나면 "왜 그렇게 생각했어?"라고 물어보세요. 책을 읽고 나면 "이 장면에서 네가 주인공이었다면 어떻게 했을까?"라고 질문하세요. 이렇게 아이 스스로 말하고 설명하는 경험이 쌓이면 자연스럽게 생각이 시작됩니다.

생각은 훈련입니다. 작은 질문을 자주 반복해서 묻고 대답하게 하면 아이의 머릿속에도 자기만의 질문과 사고의 틀이 생겨나기 시작합니다. 그것이 바로 공부머리의 시작입니다.

Q6. 아이가 공부한 걸 금방 잊어버려요.

공부한 것을 쉽게 잊는 가장 큰 이유는 깊이 있는 이해 없이 외운 채 넘어가기 때문입니다. 표면적으로는 외웠다고 느껴도 연결성 있는 구조로 이해하지 못했다면 기억은 오래가지 못합니다.

새로 배운 것을 오래 기억하기 위해서는 내가 알고 있는 관련된 지식이나 경험을 떠올려야 합니다. 그다음 원인과 결과, 비교와 대조, 구체와 추상 등 다양한 사고 틀을 활용해 새로운 정보와 단단히 연결하는 것이 중요합니다.

연결한 후에는 배운 내용을 충분히 반복해야 합니다. 그렇지 않으면 뇌는 그 정보를 중요하지 않은 것으로 판단하고 쉽게 지워버립니다. 그래서 말로 설명하기, 한 문장으로 요약하기, 문제 풀기처럼 반복적으로 정보를 활용하는 활동이 꼭 필요합니다.

기억은 단순 반복이 아닌, 연결과 반복을 통해 뇌 속에 자리 잡는다는 사실을 잊지 마세요. 단순 반복이 아니라 '이해하고 연결한 후 사용하는 반복'이어야 기억이 오래 남습니다.

Q7. 아이가 같은 실수를 자꾸 반복해요. (같은 문제를 계속 틀려요.)

비슷한 실수를 반복하는 이유는 단순히 '주의력이 부족해서'가 아닙니다. 실수한 부분에 대한 대처가 자동화되지 않았기 때문입니다. 즉, 필요한 개념이나 풀이 방식이 머릿속에 제대로 자리 잡지 않은 상태입니다. 이러한 상태로 문제를 풀면 익숙한 방식대로 손이 먼저 움직이며 같은 실수를 반복하게 됩니다.

이런 아이에게는 '다음엔 조심하자.'라는 말보다, 실수를 분석하고 필요한 연습을 반복하는 것이 중요합니다. 틀린 원인을 함께 찾아보고, 어떤 개념이나 계산 과정이 부족했는지 확인해 주세요.

그다음, 같은 유형의 문제를 짧게 여러 번 반복함으로써 점차 자동화되도록 도와야 합니다. 반복은 지루해 보이지만 자동화를 위한 가장 효과적인 방법입니다. 실수는 고치는 게 아니라 자동화로 덜어 내는 것입니다. 그래야 같은 실수를 줄이고, 진짜 실력으로 연결할 수 있습니다.

Q8. 익숙한 문제가 아닌 응용 문제는 못 풀어요. 왜 그럴까요?

아이들이 응용 문제를 어려워하는 가장 큰 이유는 풀이 과정을 스스로 생각해 본 경험이 부족하기 때문입니다. 많은 아이들이 자주 나오는 유형 문제만 반복해서 푸는 공부를 합니다. 이런 방식은 익숙한 문제를 빠르게 풀 수 있게 도와주지만, 조금만 조건이 달라지면 어려움을 겪게 됩니다. 그동안 주어진 풀이 과정을 따라 했을 뿐, 어떻게 풀어야 할지 스스로 고민해 본 적이 거의 없기 때문입니다.

응용 문제를 풀려면 세 가지가 필요합니다.

첫째, 문제를 구조화해서 정확하게 이해하기.

둘째, 풀이에 필요한 개념 떠올리기.

셋째, 그 개념을 새로운 상황에 맞게 적용하기.

이 세 단계를 꾸준히 연습해야 응용력이 생깁니다.

모르는 문제가 나왔을 때는 바로 정답지를 보지 않도록 합니다. 그 대신 "문제에서 무엇을 묻고 있지?", "이 문제에는 공약수와 공배수 중 어떤 개념이 필요할까?", "공배수를 어떻게 적용해야 할까?"와 같이 질문을 해 주세요. 이러한 질문을 통해 아이 스스로 생각하는 시간을 충분히 가져야 합니다. 풀이 방법을 스스로 고민하는 경험이 쌓여야 진짜 공부머리가 자라납니다.

Q9. 아이가 학원 수업은 잘 따라가는데 성적이 오르질 않아요.

학원 수업을 잘 따라가고 과제도 빠짐없이 하는데 실력이 늘지 않는 아이들이 있습니다. 이런 경우 가장 큰 원인은 '수동적인 공부'입니다. 수업을 듣기만 하고 스스로 생각하거나 정리하는 과정이 부족하면 실력으로 이어지기 어렵습니다. 자기 말로 정리하거나 질문하는 활동 없이 지나가면 머릿속에 남지 않기 때문입니다.

실력을 키우기 위해서는 수업 내용을 자기 것으로 만드는 과정이 필요합니다. 특히 '말하기', '쓰기', '퀴즈로 점검하기' 같은 출력 활동을 통해 배운 내용을 꺼내는 연습이 중요합니다. 단순히 듣는 데서 멈추지 않고, 스스로 표현하고 확인해야 학습이 내 것이 됩니다.

이 과정에서는 부모의 피드백이 도움이 됩니다. 아이가 배운 내용을 설명할 때 "그 단어는 무슨 뜻이야?", "그 단어를 다른 말로도 설명할 수 있어?"와 같이 질문을 던져 주세요. 이 과정을 통해 아이 스스로 생각을 정리하고, 표현을 더 명확하게 만들 수 있습니다.

아이의 성적이 오르지 않는 또 하나의 이유는 과제를 단순히 제출하기 위해 대충하기 때문입니다. 과제는 단지 해야 할 일이 아니라, 스스로 개념을 정리하고 이해도를 점검할 수 있는 중요한 기회입니다. 과제를 통해 무엇을 배우려고 하는지, 어떤 개념을 다시 확인하고 익혀야 하는지를 분명히 인식해야 하며, 명확한 목표의식을 갖고 집중해서 수행해야 합니다. 그래야 진짜 실력이 자랍니다.

Q10. 공부머리를 기르지 않아도 성적이 좋은 아이들도 있지 않나요?

단순한 공부법

물론 공부머리를 따로 기르지 않아도 성적이 좋은 아이들이 있습니다. 이러한 아이들은 크게 두 부류로 나뉩니다.

첫째, 지능이 높아 기억력이나 이해력이 뛰어난 아이들입니다.
둘째, 스스로 깊이 사고하는 습관을 가진 아이들입니다.

이 아이들은 누가 시키지 않아도 책을 읽고 다면적으로 생각하면서 공부 기술을 자연스럽게 사용합니다.

하지만 이런 아이들은 매우 드뭅니다. 대부분은 의식적 훈련 없이는 스스로 깊이 사고하지 않습니다. 초등학교 저학년 때는 단순 반복과 학습량으로 어느 정도 성과를 낼 수 있습니다. 하지만 학년이 올라갈수록 단순 암기와 반복만으로는 버티기 어려워집니다. 결국 꾸준히 공부 머리를 기른 아이가 스스로, 그리고 꾸준히 공부를 이어갈 수 있습니다. 공부머리를 키우는 훈련은 선택이 아닌 필수입니다.

5장.

실전!
공부머리를 위한
생활 설계

공부머리를 망치는
네 가지 독

○ 듣는 공부

공부머리를 키우기 위해서는 우선 듣는 공부를 줄여야 합니다. 아이들은 주로 듣는 공부를 합니다. 학교에서 듣고, 학원에서 듣고, 인터넷 강의로 또 듣습니다. 듣는 공부를 하는 이유는 편하기 때문입니다. 하지만 듣는 공부에서 노력하는 사람은 학생이 아닌 선생님입니다. 수업 준비도 선생님이 하고, 설명도 선생님이 합니다. 아이들은 가만히 앉아 고개만 끄덕이면 됩니다.

그런 점에서 듣는 공부는 TV 시청과 크게 다르지 않습니다. 따라서 듣는 공부만 하면 오히려 어리석어지기 쉽습니다. 여러모로 공부머리의 성장을 방해하기 때문입니다. 듣는 공부는 지루해서 학습 지향성과 집중력을 떨어뜨립니다. 독해력과 공부 기술도 떨어뜨립니다. 듣는 공부를 하면 선생님이 모든 내용을 풀어서 설명해 줍니다. 이런 활동을 통해 독해력과 공부 기술이 발달할 리가 없습니다.

듣는 공부는 작업 기억, 다면적 사고, 자동적 사고 등 사고의 모든 과정에서 문제를 일으킵니다. 작업 기억을 발달시키기 위해서는 의식적으로 사고해야 합니다. 그런데 듣는 공부에는 그럴 기회가 없습니다. 선생님이 생각해 정리한 내용을 들을 뿐이죠. 그러니 다면적 사고를 할 일도 없습니다.

작업 기억과 다면적 사고를 사용하지 않으니 자동적 사고가 생성되지 않습니다. 그래서 듣는 공부를 한 아이들은 사고력이 현저하게 떨어집니다. 스스로 사고하지 않으니 지식 구조의 연결성 역시 떨어집니다. 하나의 지식을 다른 지식과 연결 지어 생각할 기회가 없어 매우 빈약한 지식 구조를 가지게 됩니다.

부모의 맞벌이 등으로 어쩔 수 없이 듣는 공부를 하는 경우도 있습니다. 이럴 때는 수업 전날 배울 내용을 간략하게 읽어 보고 갈 수 있도록 신경 써 주세요. 아무것도 모르는 상태에서 수업을 들으면 생각 없이 듣는 공부를 하기 마련입니다. 반면 간단하게나마 어떤 내용인지 알고 가면 관련된 생각들이 저절로 떠오를 수 있습니다. 사전 지식이 조금이라도 쌓이면 설명과 단어가 훨씬 더 또렷하게 들리고 이해도 빨라집니다. 처음부터 완벽하게 알 필요는 없습니다. '어떤 내용을 배울 예정인가?'에 대한 감각만 있어도 학습의 집중도가 크게 달라집니다.

○ 기계적 암기

기계적 암기란 이해하지 못한 상태에서 단순 반복을 통해서 외우는 것입니다. 아이들은 뜻도, 의미도 모르면서 "선생님 뭐 외우면 돼요?"라고 묻습니다. 어른들도 "모르면 그냥 외워."라고 합니다. 하지만 기계적 암기는 공부머리를 죽이는 가장 손쉬운 방법입니다.

시험에서 좋은 성적을 받으려면 공부한 내용을 기억해야 합니다. 실제로 우등생들은 그렇게 합니다. 그래서 많은 사람이 '공부'라고 하면 암기를 떠올립니다. 그런데 사람들이 놓친 것이 하나 있습니다. 바로 암기에도 종류가 있다는 겁니다.

암기에는 내용을 이해한 후에 하는 유의미 암기와 내용을 이해하지 못한 상태에서 하는 기계적 암기가 있습니다. **아이들이 해야 하는 것은 유의미 암기입니다. 우등생은 절대 기계적 암기를 하지 않습니다.** 내용을 모른 채 기계적 암기를 하면 시험에서 제대로 된 답을 고를 수 없기 때문입니다.

물론 아이가 중고등학생이고 중요한 시험 직전이라면 잠깐 기계적 암기의 힘을 빌릴 필요가 있습니다. 당장 1점이라도 높여야 하니까요. 하지만 기계적 암기는 뇌를 쉽게 피로하게 만들어 학습 지향성과 집중력을 떨어뜨립니다. 시냅스 연결은 근육과도 같아서 반복해서 사용하면 쉽게 피로해집니다. 기계적 암기를 하면 뇌는 계속해서 같은 부위를 사용하게 됩니다. 기계적 암기는 뇌를 피로하게 만들어 아이들이 공부하기 싫게 만든다는 뜻입니다. 뇌의 피로도를 줄이고 공부의 효율을 높이기 위해서는 다양한 측면으로 생각하면서 내용을 이해하려 노력해야 합니다.

기계적 암기는 독해력과 공부 기술도 떨어뜨립니다. 기계적 암기를 하면 독해력도 공부 기술도 사용할 필요가 없습니다. 사용하지 않으면 이 능력은 저하되기 마련입니다.

기계적 암기는 작업 기억, 다면적 사고, 자동적 사고 등 생각의 과정 전반에도 문제를 일으킵니다. 기계적 암기는 인간이 할 수 있

는 가장 저차원적인 사고입니다. 기계적 암기는 다면적 사고가 아
닌 단편적 사고의 반복을 요구합니다. 작업 기억에서 논리적 사고
를 하는 것도, 다양한 측면으로 사고하기도 어렵습니다. 당연히 이
런 좋은 사고가 자동화될 수도 없습니다.

따라서 기계적 암기를 지속하는 아이의 지식 구조는 아주 단편
적으로 구성됩니다. 이해하지 못했기 때문에 알고 있는 지식 사이
에 연결성이 없습니다. 이 경우 출력에 문제가 생겨 필요할 때 쓰
지 못하지요.

암기를 해야 할 때는 반드시 설명부터 하도록 하세요. 아이들은
공부 시간을 줄이기 위해 무작정 외우고 끝내려는 경향이 있습니
다. 그러니 우선 말로 설명해 보게 해 이해했는지 확인한 후에 외
우도록 합니다.

○ 도파민

공부머리를 키우기 위해서는 도파민을 줄여야 합니다. 도파민은
뇌에서 분비되는 신경 물질의 일종으로, 사람의 감정과 동기, 행동
은 물론 학습과 기억에도 영향을 끼칩니다.

도파민은 특정 행동을 반복하게 하는 효과가 있습니다. 뇌는 생존에 도움이 된다고 판단되는 어떤 행동을 하면 도파민을 분비합니다. 그러면 기분이 좋아지고, 그 기분을 다시 느끼고 싶어 같은 행동을 반복하게 됩니다. 예를 들어 음식을 먹으면 도파민이 분비되어 기분이 좋아집니다. 그래서 우리가 다시 음식을 찾게 되는 것입니다.

문제는 바람직하지 않은 행동도 하게 된다는 겁니다. 배가 고프지 않은데도 불구하고 심심하거나 우울할 때 음식을 찾는 것처럼요. 이처럼 도파민은 특정 행동을 반복하도록 하기 때문에 중독을 일으키기 쉽습니다. SNS, 술, 담배, 도박, 마약 등은 모두 도파민 중독을 일으키는 대상입니다.

도파민 자체가 나쁜 것은 아닙니다. 적당한 도파민은 행복감을 느끼게 하고, 동기를 부여하며, 집중력을 높입니다. 도파민이 부족하면 피곤하고, 불행하고, 기억력이 떨어지며, 동기를 느끼지 못합니다. 그래서 도파민은 꼭 필요합니다. 과도한 도파민이 문제죠. 도파민이 과하게 분비되면 에너지가 넘쳐 쉽게 열광합니다. 이는 불안과 공격성으로 이어지기 쉬우며 스트레스가 커집니다. 심하면 환각을 볼 수도 있죠. 그래서 도파민 분비가 필요 이상으로 높은 아이는 공부머리를 키우기가 어렵습니다.

공부머리를 키우려면 이성적으로 생각하는 과정이 필요합니다. 게임과 SNS 등에 중독되어 도파민을 갈구하기 시작하면 이것이 어려워집니다. 중독에 빠지면 도파민에 대한 갈망으로 성격이 신경질적으로 변합니다. 욕구를 충족해 도파민을 충분히 분비시켜도 금세 흥분하고 산만해집니다. 어느 쪽으로도 공부머리를 키우는 데 도움되지 않습니다.

도파민 중독을 일으키는 것에는 컴퓨터 게임, SNS, 설탕, 카페인, 술, 약, 도박, 마약 등이 있습니다. 이 중에서 학생들이 주로 주의해야 하는 것에는 컴퓨터 게임, SNS, 설탕이 있습니다. 최근에는 스마트폰을 이용한 도박까지 점차 문제가 되고 있습니다. 게임, SNS, 도박 모두 스마트폰으로 하기 때문에 결론적으로는 스마트폰과 설탕을 주의해야 한다고 볼 수 있습니다.

스마트폰은 언제 사 주는 것이 좋냐고 묻는 분이 많습니다. 저는 늦으면 늦을수록 좋다고 생각합니다. 최대한 늦게 사 주세요.

만약 스마트폰을 사 준다면 반드시 사용량을 조절해야 합니다. 아이들은 아직 자신을 통제할 힘이 없습니다. 어른들도 자신을 통제하기 어렵지 않습니까? 아이들은 통제해야겠다는 생각이 없으니 더 문제입니다. 새로운 애플리케이션을 깔기 전에 반드시 부모가 먼저 확인하고, 사용 시간을 하루 1시간 내외로 조절하는 것이 좋습니다.

　설탕도 주의해야 합니다. 아이들이 좋아하는 음식과 간식, 주스는 대부분 설탕 덩어리입니다. 집에 간식을 쌓아 두거나 예쁘다고 자꾸 간식을 사 주면 안 됩니다. 단백질과 좋은 지방 위주의 식단을 적절히 섭취하는 것이 좋습니다. 성장기인만큼 적절한 탄수화물 섭취는 필수입니다. 설탕, 단당류보다 'GI 지수'가 낮은 건강한 탄수화물 섭취량을 늘려야 합니다. GI 지수란 혈당지수로 섭취 후 혈당 상승 정도를 나타냅니다. GI 지수가 낮을수록 천천히 소화되고 흡수되어 건강한 음식이라고 합니다. GI 지수가 낮은 탄수화물 먹거리로는 현미밥, 보리밥, 오트밀, 통밀빵, 토마토, 사과, 배, 귤 등이 있습니다.

○ <u>스트레스</u>

　스트레스는 **단기 스트레스**와 **장기 스트레스**로 나눌 수 있습니다. 이 두 가지 스트레스가 학습에 미치는 영향은 서로 다릅니다.
　단기 스트레스는 몇 시간에서 몇 주 정도 일시적인 상황에 의해

단순한 공부법

받는 스트레스입니다. 예를 들어 시험 기간이나 중요한 프로젝트를 맡았을 때 주로 단기 스트레스를 받습니다. 단기 스트레스는 어떤 일을 더 잘해야 한다는 압박감에서 오기 때문에 전반적으로 학업에 긍정적입니다. 너무 과도하지만 않다면 오히려 수행력을 끌어올립니다. 연구에서도 단기 스트레스를 받았을 때의 결과가 더 좋다는 사실이 입증되었습니다.

반면 장기 스트레스는 몇 달 혹은 몇 년 이상 해소되지 않는 스트레스입니다. 학대, 집단 따돌림, 고용 불안, 경제적 어려움 등이 장기 스트레스로 작용합니다. 장기 스트레스는 단기 스트레스와 달리 퍼포먼스를 떨어뜨립니다.

장기 스트레스는 다음 네 가지 측면에서 공부머리에도 부정적입니다.

첫째, 신경 가소성이 감소됩니다. 신경 가소성이란 뇌가 새로운 시냅스 연결을 만들어 내는 능력입니다. 앞서 여러 차례 강조했듯 공부머리의 발달에는 시냅스 연결이 중요하게 작용합니다. 그런데 신경 가소성이 감소되면 학습 능력이 저하되어 새로운 내용을 잘 배우지 못하므로 공부머리도 발달하지 못합니다.

둘째, 해마가 손상됩니다. 해마는 학습과 기억 형성에 중요한 역할을 하는 뇌의 한 부위입니다. 인간의 기억은 모두 해마를 거쳐 저장됩니다. 그런데 장기간 스트레스를 받으면 해마가 손상되어 장기 기억을 형성하는 데 어려움을 겪습니다. 또한 이미 저장된 기억을 출력하는 데도 어려움을 겪습니다.

셋째, 전두엽 기능이 저하됩니다. 전두엽은 의사 결정, 계획 수립, 문제 해결과 같은 고차원적인 인지 기능을 담당합니다. 따라서 집중력, 작업 기억, 독해력, 다면적 사고 등의 상당 부분이 전두엽에 의해 실행됩니다. 이러한 전두엽 기능이 저하되면 어떻게 될까요?

넷째, 편도체가 활성화됩니다. 편도체는 공포, 불안과 같은 감정을 처리하는 부위입니다. 장기 스트레스에 노출된 아이의 뇌에서는 편도체가 과도하게 활성화됩니다. 그 결과 공포와 불안을 더 크게 느끼게 되고, 별것 아닌 것도 불안하고 두려워하는 심약한 아이로 자라게 됩니다.

아이들이 받는 장기 스트레스는 다양합니다. 심하게는 학대, 집단 따돌림이 있으며 비교적 약하게는 과도한 학업 스트레스와 정서적 교류 부족으로 인한 애정 결핍 등이 있습니다. 어린 시절에 발생한 스트레스는 아이의 뇌 구조 자체를 바꿀 뿐 아니라 도파민에 쉽게 중독되도록 만듭니다. 이는 스트레스를 자극과 쾌락으로 덮으려는 시도입니다. 쾌감 호르몬에 중독되면 많은 문제가 발생합니다. 아이가 자기 스스로 손쓸 수 없는 큰 스트레스를 받고 있지는 않은지 보호자의 따뜻한 관심이 필요합니다.

학습의 3대 조건:
공간, 책, 루틴

○ 학습 환경

환경은 사람의 두뇌 활동에 직접적인 영향을 줍니다. 미네소타대학교의 조안 메예르스-레비(Joan Meyers-Levy)와 루이 주(Rui Zhu)의 연구를 보면 우리는 천장이 높은 곳에서는 창의적으로 사고하고, 천장이 낮은 곳에서는 분석적으로 사고하는 경향이 있다고 합니다. 물론 공부를 위해서 천장 공사를 하기는 어려울 것입니다. 하지만 여러 가지 방법으로 학습 환경을 꾸밀 수는 있습니다.

우선 아이의 눈을 자극하는 환경을 정리해야 합니다. 책상 앞은 최대한 깨끗하게 정리해 주세요. 책상 앞에 앉았을 때 장난감이 정면에서 보이는 것은 좋지 않습니다. 공부 시간에는 공부와 관련 없는 모든 것을 서랍이나 상자에 넣어 눈에 띄지 않게 하세요. 아이가 거부한다면 그것을 영영 사용하지 못하게 하는 것이 아니라 공부 시간에만 잠시 넣어 두는 것이라고 충분히 말해 주세요. 공부 시간이 끝나면 언제든지 꺼내 놀 수 있다고요.

아이를 가장 산만하게 만드는 것은 역시나 스마트폰입니다. 아무런 연락이 오지 않았는데도 주머니 속 스마트폰이 웅웅 진동하는 듯한 착각을 경험한 적이 있지 않으신가요? 에이드리언 F. 워드(Adrian F. Ward)와 동료들의 연구 결과를 보면 스마트폰은 전원을 꺼 놓아도 주변에 있는 것만으로 집중력을 저하시킨다고 합니다. 그러니 단순히 스마트폰은 보지 말라든가 끄라고 하기보다 멀리 놓아 두는 것이 좋습니다.

자러 갈 때도 마찬가지입니다. 고학년 아이들 중에는 수업 중에 조는 아이들이 가끔 있는데, 대부분 부모님 몰래 밤늦게까지 스마트폰으로 게임을 한 경우입니다. 그러니 자러 갈 때는 반드시 스마트폰을 꺼서 부모님께 맡기도록 해 주세요. 스마트폰 사용을 제한하는 애플리케이션을 이용하는 것도 좋습니다. 하루 사용 시간을

1~2시간 정도로 제한하여 무제한으로 인터넷에 접속하는 일을 막아야 합니다. 이렇게 하면 도파민 중독을 예방할 수 있습니다.

청각적 자극 통제도 필요합니다. 아이의 집중력을 깨는 대표적인 소음은 바로 TV 소리와 대화 소리입니다. 아이들이 공부하는 시간에는 가족들도 협조해야 합니다. 스포츠 경기에 환호하는 아빠, 드라마를 보며 깔깔대는 엄마의 목소리는 모두 공부에 방해가 됩니다. 특히 큰 아이는 공부시켜 놓고 작은 아이와 놀이하는 것도 자제해야 합니다. 공부하기 싫은 것을 넘어 소외감을 느낄 수 있으니까요. 첫째가 공부할 때 둘째는 책을 읽거나 그림을 그리는 등 조용한 활동을 하도록 지도해 주세요.

○ 독서 습관

독서가 공부머리를 키운다는 사실은 수많은 연구를 통해 밝혀졌습니다. 8~10세 어린이들을 대상으로 한 연구에서 독서를 한 아이들의 뇌에 새로운 백질이 생성된다는 사실이 확인되었습니다. 신경망 전체의 의사소통이 개선되고, 새로운 정보 학습에 관여하는 뇌 영역 역시 커졌습니다. 에모리대학교 연구진이 책을 읽는 사람의 뇌를 MRI로 스캔했더니 이야기에 더 깊이 빠질수록 뇌의 더 많은 영역이 활성화됨이 확인되었습니다. 뇌가 붉게 물드는 활성화는 뇌에 새로운 신경망을 구축되고 있음을 보여 주는 증거입니다. 놀라운 사실은 신경망 활성화가 책을 읽을 때뿐만 아니라 책을 읽은 후에도 며칠이나 지속되었다는 점입니다. 열심히 독서를 하면 독서를 하지 않는 시간에도 머리가 좋아지는 겁니다. 보스턴 어린이 병원 역시 연구를 통해 독서를 하면 새로운 뇌 신경망이 만들어져 정보를 더 효율적으로 처리하므로 더 빨리 배우는 데 도움이 된다고 밝혔습니다.

이처럼 독서는 학습 지향성을 키웁니다. 책은 아이들이 세상을 만나는 창입니다. 책을 통해 몰랐던 세상을 접한 아이들은 새로운 것을 접하고 배우는 것을 즐기게 됩니다.

독서는 집중력을 키웁니다. 책에 빠져들면 잡념은 사라집니다. 독서는 그 자체로 최고의 집중력 훈련 도구입니다. 짧은 영상이나 빠르게 바뀌는 화면에 익숙해진 아이들은 하나의 흐름을 따라가는 데 어려움을 겪는 경우가 많습니다. 독서는 이런 아이들이 느리고 깊은 리듬에 적응하도록 돕습니다.

독서는 독해력을 길러 줍니다. 1998년 앤 커닝햄(Anne E Cunningham)

과 키스 스타노비치(Keith E. Stanovich)는 독서 습관이 어휘력, 독해력에 모두 영향을 미친다는 사실을 확인했습니다. 그들은 독서가 단기적인 학업 성취를 높일 뿐 아니라 장기적인 인지 발달에 중요한 역할을 한다고 결론 지었습니다.

또한 독서는 사고력을 크게 향상시킵니다. 독서 중에 우리는 그간 쌓아 온 배경지식을 사용합니다. 내용을 이해하기 위해서죠. 이미 알고 있던 것과 새로 알게 된 내용 사이에서 관련성을 찾으면서 다면적 사고를 하게 됩니다. 그리고 이런 사고는 자동화되죠.

독서는 지식 구조의 연결성을 높여 줍니다. 한 권의 책은 한 작가의 머릿속 구조를 보여 주는 청사진입니다. 독자는 그것을 모방하여 자신만의 지식 구조를 만들어 갑니다. 그래서 책을 읽으면 타인의 복잡한 지식 구조를 자연스럽게 습득할 수 있습니다.

좋은 책에는 작가만의 깊은 생각이 담겨 있기 마련입니다. 이런 생각들은 원인과 결과, 비교와 대조, 구체와 추상과 같은 다양한 방식으로 설명되며 자연스럽게 다면적 사고를 유도합니다.

장르에 상관없이 독서는 뇌 발달을 촉진하고 인지 능력을 향상시킵니다. 하루에 30분씩만 책을 읽어도 IQ가 상승한다고 합니다. 독서할 충분한 이유를 찾은 것 같네요!

○ 공부 습관

꾸준히 공부하다 보면 아는 것이 많아지고 자신감이 생겨 학습 지향성이 커집니다. 그렇게 조금씩 공부 시간을 늘리다 보면 집중력이 커지고, 조금씩 교과서와 책을 읽다 보면 독해력과 공부 기술도 자라납니다. 생각하는 공부를 꾸준히 하면 작업 기억, 다면적 사고, 자동적 사고 등의 사고력이 길러지며, 지식 구조의 연결성도 높아집니다.

초등학생의 공부 습관에서는 시간 관리가 중요합니다. 하고 싶을 때, 생각날 때 가끔 공부해서는 안 됩니다. 비가 오나 눈이 오나 꾸준히 공부해야 합니다. 놀 것 다 놀고 남는 시간에 공부하는 것이 아니라 공부하는 시간을 먼저 확보한 후, 이외의 시간에 놀아야 합니다. 공부하고 놀면 공부와 놀이 모두 충분히 할 수 있지만, 놀이를 먼저 한 후에 공부하면 절대로 충분히 공부할 수 없습니다. 놀이는 아무리 해도 충분치 않게 느껴지거든요.

또한 아이가 스스로 시간을 인식하도록 도움을 주어야 합니다. 정확히 시간이 정해지지 않은 상태에서 공부하면 아이들은 견디기 힘들어합니다. 언제 끝날지 모르기 때문이죠. 그러니 몇 시부터 몇 시까지, 혹은 어디에서부터 어디까지 하면 된다고 정확하게 끝을 알려 주세요. 그러면 이만큼만 집중하면 된다는 편안한 마음으로 공부에 임할 수 있습니다.

이와 관련하여 사용할 수 있는 방법으로는 포모도로 기법(Pomodoro Technique)이 있습니다. 예를 들어 25분간 공부한 뒤 5분간 휴식을 취하는 방식입니다. 시각적 효과를 위해 타이머를 사용하는 것도 좋습니다. 포모도로는 토마토를 뜻하는 이탈리어어에서 유래했다고 합니다(pomodòro). 처음 포모도로 기법을 소개한 프란체스코 시릴로(Francesco Cirillo)는 대학생 시절 토마토 모양으로 생긴 요리용 타이머를 사용했는데 여기서 포모도로 기법을 떠올린 것이죠. 이처럼 남은 시간을 표시해 주는 타이머를 사용한다면 집중력을 높이는 데 도움을 받을 수 있습니다.

또한 아이가 어떻게 학습하는지 관리해 주지 않으면 단순히 책상 앞에 앉아서 하릴없이 시간만 보낼 수 있습니다. 그러니 먼저 학습 분량을 명확히 정해야 합니다. 공부 계획표를 작성하는 것도 좋습니다. 해야 할 공부가 여러 가지면 몇 가지는 빠트리기 마련입니다. 해야 할 공부를 체크리스트 형태로 작성해 두고 공부를 마친 후 체크하면 좋습니다. 그러면 빠트리는 내용도 없고 성취감도 느낄 수 있습니다.

지금부터 실천!
공부머리 일상 훈련

○ 운동

공부머리는 꼭 책상에서만 키울 수 있는 것이 아닙니다. 운동장을 달리면서, 줄넘기를 하면서, 태권도를 배우면서도 기를 수 있습니다. 학습에 집중하고 학업 성취도를 높이기 위해서는 신체적 건강도 중요합니다. 운동은 단순히 체력을 키우는 활동이 아니라 두뇌를 발달시켜 학습 능력을 키우는 활동입니다.

운동은 뇌 기능을 활성화합니다. 우리의 신경계는 뇌에만 있는 것이 아니거든요. 신경계는 뇌에서부터 온몸으로 뻗어 나갑니다.

손과 발조차 모두 뇌로 연결되어 있죠. 운동은 뇌에 산소와 영양분을 더 많이 공급해 두뇌 활동을 활발하게 만듭니다. 전두엽을 자극하여 학습에 더 집중하게 만들기도 하죠. 운동할 때 뇌에서 신경세포 성장인자(BDNF)가 생성된다는 점도 매우 중요합니다. 신경세포 성장인자는 뉴런의 성장, 생존 및 연결을 강화하는 단백질로, 시냅스 가소성을 높여 학습과 기억력 향상에 도움을 줍니다.

운동이 정서를 안정시켜 공부에 집중할 수 있도록 돕는다는 점도 중요합니다. 학습 과정에서 아이들은 스트레스와 불안감을 경험합니다. 운동은 스트레스와 불안감 해소를 돕습니다. 가볍게 몸을 움직이면 긴장감이 줄어들고 불안이 완화됩니다. 뿐만 아니라 성장기 아이들은 신체 에너지가 과도해 집중을 어려워하는 경우도 많습니다. 이럴 때는 공부를 하기 전에 적절히 운동을 시켜 주세요. 에너지를 사용하고 나면 공부에 훨씬 잘 집중하는 모습을 볼 수 있습니다.

운동은 좋은 생활 습관 형성에 도움을 주기도 합니다. 운동하는 아이들은 신체 활동이 부족한 아이들에 비해 수면의 질이 더 좋습니다. 충분히 쉬고 회복된 몸으로 학습하면 더 깊이 집중할 수 있게 됩니다. 그러니 매일 30분 이상의 운동 루틴을 추가해 보세요. 요즘은 야구, 축구, 농구 등을 즐기는 아이들이 점점 많아지고 있습니다. 여의치 않다면 걷기, 달리기, 줄넘기 같은 개인 운동을 할 수도 있습니다. 등굣길에 줄넘기를 하고 교실로 올라가는 습관을 기르는 것도 좋습니다.

아이가 신체 활동을 즐기지만, 혼자 하기를 원하지 않는다면 가족과 함께 운동하는 것도 좋습니다. 저녁 식사 후 산책이나 가벼운 달리기, 주말을 이용한 등산 등을 함께한다면 건강한 운동 습관을 기르는 데 큰 도움이 됩니다. 공원에서 공놀이하는 것도 좋고요.

중요한 것은 규칙적으로 운동하는 것입니다. 공부머리를 기르기 위해서는 꾸준히 뇌를 자극해야 합니다. 운동 스케줄을 잡아 규칙적으로 실천해 보세요.

○ 보드게임

'갑자기 웬 보드게임?'이라고 생각하시는 분이 계실지 모르겠습니다. 보드게임은 재미와 함께 사고력, 창의력, 사회성을 발달시키는 훌륭한 도구로, 초등학생의 학습 능력을 자연스럽게 향상시킵니다.

보드게임을 즐기다 보면 타인과 소통하고 능동적으로 사고하며 배움의 즐거움을 느낄 수 있습니다. 주의력이 부족한 아이는 전두엽 기능이 낮은데, 보드게임은 전두엽을 활성화하여 주의력 개선에 효과가 있습니다. 또한 다양한 사고를 통해 사고력 전반을 계발할 수 있습니다. 게임에서 승리하기 위해서는 빠르고 유연한 사고가 필요한데요. 보드게임은 복잡한 사고와 기억 습득을 담당하는 뇌 영역을 자극하고, 뇌의 해마와 전두엽 피질 영역을 활용해 추상적 사고, 수학 또는 문제 해결 기술을 사용하는 데 도움이 됩니다. 한편 완전히 행운에 기대는 게임은 공부머리를 기르는 효과가 없습니다. 재미 측면에서는 얼마든지 좋지만, 공부머리를 기르는 효과는 크지 않다는 점을 알아 두시기 바랍니다.

추천하는 보드게임의 종류는 다음과 같습니다.

종류	특징	추천 게임
전략 게임	장기 계획과 자원 관리가 필요한 게임	체스
순발력 게임	빠른 시간 안에 판단하고 선택해야 하는 게임	할리갈리
창의적 사고	창의적인 상상력을 요구하는 게임	딕싯
기억력 게임	정확하게 기억해야 하는 게임	치킨차차

사회 심리 게임	상호작용 속에서 설득과 협력이 필요한 게임	마피아 게임
수학 논리 게임	수학적 능력을 요구하는 게임	우봉고
확률 게임	운과 확률의 영향이 큰 게임	모노폴리

○ <u>명상</u>

집중력을 가장 빠르고 효과적으로 향상하는 방법은 명상입니다. 명상에는 잡다한 생각을 내려놓고 현재에 집중하게 하는 효과가 있습니다. 저는 언제나 1분 명상으로 수업을 시작했습니다. 쉬는 시간 내내 웃고 떠드느라 들떠 있던 아이들을 공부에 집중시키기 위해서였습니다. 이는 늘 효과만점이었습니다.

명상이라고 하면 종교적 의식으로 오해하기 쉽습니다만, 그렇지 않습니다. 명상은 나의 내면을 가다듬는 일종의 정신 운동으로, 그 과학적 효과가 속속 검증되고 있습니다.

하버드대학교 의과대학에서는 명상이 뇌 구조를 변화시킴을 확인했습니다. 명상을 한 사람들의 뇌에서 학습과 기억을 담당하는 해마의 회백질 두께가 증가했음을 관찰한 것입니다. 이는 명상이 학습 능력과 기억력을 강화하는 데 큰 도움이 된다는 것을 보여 줍니다. 또한 스트레스 및 불안과 관련된 뇌의 편도체가 작아져 스트레스를 다루는 능력이 발달함을 보여 주었습니다.

매사추세츠 종합 병원 연구팀은 명상이 주의력을 개선한다고 밝혔습니다. 8주간 명상을 꾸준히 실천한 실험 참가자들의 전두엽에서 주의력 및 집중과 관련된 활동이 증가한 것이 확인된 것입니다.

존스홉킨스대학교에서는 명상이 스트레스와 불안감을 감소시킨다고 결론 내렸습니다. 명상을 한 이들의 스트레스 호르몬인 코르티솔이 줄어든 것입니다. 따라서 명상을 하면 정서적으로 차분함을 느낄 수 있다고 밝혔습니다.

다양한 종류의 명상이 있지만 가장 먼저 아이와 함께 호흡 명상을 실천해 보시기 바랍니다. 그 방법은 다음과 같습니다. 우선 조용한 공간을 찾습니다. 턱을 당기고 허리를 세워 바르게 앉습니다. 그리고 호흡을 합니다. 의도적으로 호흡을 길게 혹은 깊게 하려는 노력은 하지 않습니다. 평소에 하는 호흡을 그대로 하면 됩니다. 다만 정신을 호흡에 집중합니다. 코끝에서 공기가 들어오고 나가는 것을 느낍니다. 배가 부풀었다 꺼졌다 하는 것을 느껴도 좋습니다. 이렇게 호흡에 집중하다 보면 점차 생각이 사라지고 마음이 차분해집니다.

호흡 명상을 하다 보면 잡생각이 들 수도 있습니다. 그만하고 싶다는 생각, 다리가 아프다는 생각, 해야 할 일들에 대한 생각 등. 이렇게 온갖 생각이 떠오르면 '나는 명상에 소질이 없나?' 하는 생각이 들 수도 있습니다. 그렇지 않습니다. 누구나 그렇습니다. 명상할 때 잡다한 생각이 드는 것은 자연스러운 일입니다. 중요한 것은 그런 생각이 떠올랐음을 알아차리고 호흡으로 다시 정신을 끌어 오는 것입니다. 아무리 많은 생각이 떠올라도 상관없습니다. 그것은 실패가 아닙니다. 그때마다 호흡에 집중하며 명상으로 돌아오면 됩니다.

호흡 명상을 매일 5분씩 실천하면 좋습니다. 그러면 점차 머리가 맑아짐을 느낄 수 있습니다. 만약 상황이 여의치 않다면 공부를 시작하기 전 1분 만이라도 실천해 보시기 바랍니다. 딱 1분만 해도 집중력이 크게 오름을 느낄 수 있을 것입니다.

가장 바른 교육이 가장 빠른 교육이다

"가장 바른 교육이 가장 빠른 교육이다." 이는 제가 유튜브 영상을 시작할 때마다 반복하는 멘트이자 초등 교육을 바라보는 저의 관점을 함축한 슬로건입니다. 이 멘트를 들은 분이 제게 이렇게 물었습니다.

"선생님이 말하는 '바른 초등교육'은 정확히 무엇인가요?"

돌이켜보면, 이 질문에 답하기 위해 이 책을 쓰게 된 것 같습니다.

제가 말하는 바른 초등교육이란 아이의 발달과 성장에 맞는 교육입니다. 우리나라의 초등 교육은 아이의 성장과 발달에는 관심을 두지 않고 있습니다. '남들보다 더 빨리, 더 멀리'라는 구호 아래, 명문대 진학이라는 목표만을 보고 달려갑니다. 그 과정에서 정작 가장 중요한 존재인 아이는 소외되고 맙니다. 공부의 주체가 되어야 할 아이가 오히려 공부에 끌려다니고 있는 것이 현실입니다. 진정한 바른 교육이 이루어지려면 아이가 공부의 중심이 되어야 하며, 그 공부는 아이의 발달과 성장에 맞추어져야 합니다.

초등은 성적을 앞세워 경쟁하는 시기가 아닙니다. 초등 아이들은 아직 미성숙하고 경험도 부족합니다. 무엇보다 공부머리가 형성되지 않아 지식을 어떻게 받아들여야 하는지도 모릅니다. 때문에 아이들은 우선 지식을 어떻게 이해하고 바라보아야 하는지를 배워야 합니다.

지식을 다루는 방법을 배우는 것이 초등 공부의 핵심입니다. 그렇게 하면 쉽고 재미있게 공부머리가 길러져 중고등학교에 가서도 공부를 더 잘할 수 있습니다. 그 방법이 어려운 것도 아닙니다. **읽고 말하고 쓰며 깊게 생각하면 됩니다.** 이 단순한 방법만으로도 아이의 공부머리는 몰라보게 달라질 수 있습니다.

이런 방식으로 공부한 아이들은 분명한 변화를 보였습니다. 공부를 포기했던 아이들이 공부에 흥미를 느끼기 시작했고, 학업 성적도 눈에 띄게 향상되었습니다. 교과서를 읽고 스스로 이해하는 법, 새로운 관점으로 지식을 바라보는 법, 의미 있게 암기하는 법을 알게 되면서 공부가 재미있어진 것입니다.

바른 교육을 통해 공부머리를 키우면 학년이 올라가도 공부가 어려워지지 않습니다. 학습 능력이 길러졌기 때문입니다. 반면 당장 점수 따기와 진도에 급급해 듣고 외우기를 반복한다면 아이의 가능성은 점점 더 줄어듭니다. 초등 시기에는 앞으로의 학습을 잘 이어 가기 위해 그 기반을 세우는 것, 즉 공부머리를 키우는 것이 핵심입니다. 더 이상 '빠른 교육'이라는 환상에 젖어 '바른 교육'을 놓치지 않기를 바랍니다.

바르게 배운 아이는 무엇이든 할 수 있습니다. 성적이 올라 좋은 대학에 진학할 수도 있고, 설령 그렇지 않더라도 자신만의 길을 주도적으로 걸어갈 수 있습니다. 무엇이든 배울 수 있는 힘이 길러졌기 때문입니다. 불안감에 아이를 재촉하는 교육이 아닌 진짜 아이를 위한 교육을 하시기 바랍니다.

똑같이 공부해도 10배 성적이 오르는
단순한 공부법

초판 1쇄 발행 2025년 6월 4일

지은이 전병규(콩나물쌤)
펴낸이 민혜영
펴낸곳 (주)카시오페아
주소 서울특별시 마포구 월드컵로14길 56, 3~5층
전화 02-303-5580 | **팩스** 02-2179-8768
홈페이지 www.cassiopeiabook.com | **전자우편** editor@cassiopeiabook.com
출판등록 2012년 12월 27일 제2014-000277호